La Filosofía en el tocador

Marqués de Sade

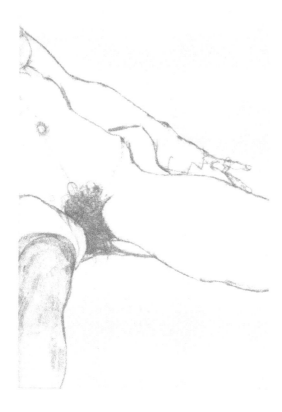

Índice

LA FILOSOFÍA EN EL TOCADOR

Obra póstuma del autor de

JUSTINE

La madre ordenará
Esta lectura a su hija

A LOS LIBERTINOS[1]

Voluptuosos de todas las edades Y de todos los sexos, a vosotros solos ofrezco esta obra: nutríos de sus principios, que favorecen vuestras pasiones; esas pasiones, de las que fríos e insulsos moralistas os hacen asustaros, no son sino los medios que la naturaleza emplea para hacer alcanzar al hombre los designios que sobre él tiene; escuchad sólo esas pasiones deliciosas, su órgano es el único que debe conduciros a la felicidad.

Mujeres lúbricas, que la voluptuosa Saint Ange sea vuestro modelo; a ejemplo suyo despreciad cuanto contraría las leyes divinas del placer, que la encadenaron toda su vida.

Muchachas demasiado tiempo contenidas en las ataduras absurdas y peligrosas de una virtud fantástica y de una religión repugnante, imitad a la ardiente Eugenia;

---

[1] Notas del traductor llevan entre paréntesis la indicación «Nota del T»

2

destruid, pisotead, con tanta rapidez como ella, todos los preceptos ridículos inculcados por imbéciles padres.

Y a vosotros, amables disolutos, vosotros que desde vuestra juventud no tenéis más freno que vuestros deseos ni otras leyes que vuestros caprichos, que el cínico Dolmancé os sirva de ejemplo; id tan lejos como él si como él queréis recorrer todos los caminos de flores que la lubricidad os prepara; a enseñanza suya, convenceos de que sólo ampliando la esfera de sus gustos y de sus fantasías y sacrificando todo a la voluptuosidad es como el desgraciado individuo conocido bajo el nombre de hombre y arrojado a pesar suyo sobre este triste universo, puede lograr sembrar algunas rosas en las espinas de la vida.

LA FILOSOFÍA EN EL TOCADOR
o
Los preceptores inmorales

DIÁLOGOS
Destinados a la educación de las jóvenes
Señoritas

Primer Dialogo

SEÑORA DE SAINT-ANGE,
EL CABALLERO DE MIRVEL

SRA. DE SAINT-ANGE: Buenos días, hermano. Y bien, ¿el señor Dolmancé?

EL CABALLERO: Llegará a las cuatro en punto y no cenaremos hasta las siete; como ves, tendremos tiempo de sobra para charlar.

SRA. DE SAINT-ANGE: ¿Sabes, hermano, que estoy algo arrepentida de mi curiosidad y de todos los proyectos obscenos formados para hoy? En verdad, amigo mío, que eres demasiado indulgente; cuanto más razonable debiera ser, más se excita y vuelve libertina mi maldita cabeza: me lo pasas todo, y eso sólo sirve para echarme a perder... A los veintiséis años ya debiera ser devota, y no soy aún sino la más desenfrenada de las mujeres... Es imposible hacerse una idea de lo que concibo, amigo mío, de lo que querría hacer. Pensaba que limitándome a las mujeres me volvería prudente..., que mis deseos concentrados en mi sexo no se exhalarían ya hacia el vuestro; proyectos quiméricos, amigo mío; los placeres de que quería privarme no han venido sino a ofrecerse con más ardor a mi imaginación, y he visto que cuando, como yo, se ha nacido para el libertinaje, es inútil pensar en imponerse frenos: fogosos deseos los rompen al punto. En fin, querido, soy un animal anfibio; amo todo, me divierto con todo, quiero reunir todos los géneros; pero, confiésalo, hermano mío, ¿no es en mí una extravagancia completa querer conocer a ese singular Dolmancé que, según dices, en toda su vida no ha podido ver a una mujer como el uso lo prescribe; que, sodomita por principio, no sólo es idólatra de su sexo, sino que únicamente cede al nuestro con la cláusula especial de entregarle los queridos atractivos de que está acostumbrado a servirse en los hombres? Mira, hermano, cuál es mi extravagante fantasía: quiero ser el Ganímedes de ese nuevo Júpiter, quiero gozar con sus gustos, con sus desenfrenos, quiero ser la víctima de sus errores: sabes, querido, que hasta ahora nunca me he entregado así más que a ti, por complacencia, o a alguno de mis criados que, pagado para tratarme de esa forma, sólo se prestaba a ello por interés; hoy no es ya ni la complacencia ni el capricho, es sólo el gusto lo que me decide... Entre los procedimientos que me han esclavizado y los que aún me esclavizarán a esa extravagante manía, veo una diferencia inconcebible, y quiero conocerla. Píntame a tu Dolmancé, te lo suplico, a fin de que lo tenga bien metido en la cabeza antes de verle llegar; porque ya sabes que sólo le conozco de haberlo encontrado el otro día en una casa en la que sólo estuve unos minutos con él.

EL CABALLERO: Dolmancé, hermana mía, acaba de cumplir los treinta y seis años; es alto, de rostro muy hermoso, de ojos muy vivos y muy espirituales, pero una cosa algo dura y un poco malvada se pinta a pesar suyo en sus rasgos; tiene los más hermosos dientes del mundo, un poco de molicie en el talle y en el porte, sin duda por la costumbre que tiene de adoptar tan a menudo ademanes femeninos; es de una elegancia extremada, tiene hermosa la voz, talento, y, sobre todo, mucha filosofía en el espíritu.

SRA. DE SAINT-ANGE: Espero que no crea en Dios...

EL CABALLERO: ¡Ah! ¿Cómo dices eso? Es el ateo más célebre, el hombre más inmoral... ¡Oh, es la corrupción más completa y entera, el individuo más malvado y perverso que pueda existir en el mundo!

SRA. DE SAINT ANGE: ¡Cómo me enardece todo eso! ¡Voy a enloquecer por ese hombre! ¿Y sus gustos, hermano mío?

EL CABALLERO: Ya los sabes: las delicias de Sodoma le son tan caras como agente que como paciente; sólo ama a los hombres en sus placeres y si, a pesar de ello, consiente alguna vez en probar mujeres, sólo es a condición de que sean lo bastante complacientes como para cambiar de sexo con él. Yo le he hablado de ti, le he prevenido de tus intenciones; él acepta y te advierte a su vez las cláusulas del trato. Te lo prevengo, hermana mía, te rechazará en seco si pretendes incitarle a otra cosa: «Lo que consiento hacer con vuestra hermana —según pretende—, una licencia..., una extravagancia con la que uno sólo se mancha raramente y con muchas precauciones.»

SRA. DE SAINT-ANGE: ¡*Mancharse..., precauciones!..* ¡Amo hasta la locura el lenguaje de esas amables personas! También entre nosotras las mujeres tenemos palabras exclusivas que, como ésas, prueban el horror profundo de que están penetradas por todo lo que no atañe al culto admitido... ¡Eh! Y dime, querido, ¿te ha poseído? ¡Con tu deliciosa cara y tus veinte años, bien se puede, en mi opinión, cautivar a semejante hombre!

EL CABALLERO: No te ocultaré mis extravagancias con él; tienes demasiada inteligencia para censurarlas. De hecho, me gustan las mujeres, y sólo me entrego a estos gustos extravagantes cuando un hombre amable me acosa. No hay nada que no haga entonces. Estoy lejos de esa altanería ridícula que hace pensar a nuestros jóvenes mequetrefes que hay que responder con bastonazos a proposiciones semejantes; ¿es el hombre dueño de sus gustos? Hay que compadecer a quienes los tienen singulares, pero no insultarlos nunca; su error es el de la naturaleza; no eran dueños de llegar al mundo con gustos diferentes, como nosotros no lo somos de nacer patituertos o bien hechos. Además, ¿os dice un hombre algo desagradable al testimoniaros el deseo que tiene de

gozar de vosotros? Indudablemente, no: es un cumplido que os hace; ¿por qué, pues, responder entonces con injurias o insultos? Sólo los tontos pueden pensar así; jamás un hombre razonable hablará de esta materia de modo distinto a como yo lo hago; pero es que el mundo está poblado de sandios imbéciles que creen injuria el declararles que uno los encuentra idóneos para los placeres, y que, echados a perder por las mujeres, siempre celosas de cuanto parece atentar contra sus derechos, se imaginan los quijotes de esos derechos ordinarios, brutalizando a quienes no reconocen toda su extensión.

SRA. DE SAINT-ANGE: ¡Ay, amigo mío, bésame! No serías tú mi hermano si pensaras de otro modo; pero, te lo ruego, dame unos pocos detalles tanto sobre el físico de ese hombre como sobre sus placeres contigo.

EL CABALLERO: El señor Dolmancé estaba enterado por uno de mis amigos del soberbio miembro de que sabes que estoy dotado; comprometió al marqués de V.. a invitarme a cenar a su casa. Una vez allí, fue preciso exhibir lo que yo llevaba; la curiosidad pareció ser al principio el único motivo; un culo muy hermoso que se me puso delante, y del que se me rogó que gozara, me hizo ver al punto que sólo el gusto había tenido parte en aquel examen. Previne a Dolmancé de todas las dificultades de la empresa: nada lo asustó: «Soy a prueba de ariete -me dijo-, y no tendréis siquiera la gloria de ser el más temible de los hombres que perforaron el culo que os ofrezco.» El marqués estaba allí; él nos alentaba toqueteando, manoseando, besando todo lo que uno y otro sacábamos a la luz. Me preparo... quiero por lo menos algunos preparativos: «¡Guardaos bien de ello! -me dice el marqués-; le privaríais de la mitad de las sensaciones que Dolmancé espera de vos; quiere que le atraviesen, quiere que le desgarren.» «¡Será satisfecho!», digo yo hundiéndome ciegamente en el abismo... ¿Y puedes creer, hermana mía, que no me costó apenas?... Ni un lamento; mi polla, con lo enorme que es, se hundió sin que me diera cuenta, y toqué el fondo de sus entrañas sin que el maldito pareciese sentirlo. Traté a Dolmancé como amigo; la excesiva voluptuosidad que él gustaba, sus meneos, sus deliciosas palabras, todo me hizo feliz pronto a mí también, y lo inundé. Apenas estuve fuera, Dolmancé, volviéndose desenfrenado hacia mí, rojo como una bacante: «Ves el estado en que me has puesto, querido caballero? -me dijo ofreciéndome una polla seca y amotinada, muy larga y de seis pulgadas por lo menos de contorno-; amor mío, por favor, dígnate servirme de mujer después de haber sido mi amante, y así podré decir que he saboreado en tus brazos divinos todos los placeres del gusto que con tanta imperiosidad ansío.» Encontrando tan pocas dificultades en lo uno como en lo otro, me presté; el marqués, quitándose los calzones ante mis ojos, me conjuró a que yo tuviera a bien ser aún algo hombre con él mientras iba a ser la mujer de su amigo; le traté como a Dolmancé, el cual, devolviéndome centuplicadas todas las sacudidas con que yo abrumaba a nuestro tercero, muy pronto exhaló al fondo de mi culo ese licor encantador con el que yo rociaba, casi al mismo tiempo, el de V..

SRA. DE SAINT-ANGE: Hermano mío, debes de haber gozado los mayores placeres al encontrarte entre dos de esa manera; dicen que es delicioso.

EL CABALLERO: Muy cierto, ángel mío, es el mejor sitio; pero se diga lo que se diga, todo eso no son más que extravagancias que nunca preferiré al placer de las mujeres.

SRA. DE SAINT-ANGE: Pues bien, querido mío, para recompensar hoy tu delicada complacencia, voy a entregar a tus ardores una jovencita virgen, y más hermosa que el Amor.

EL CABALLERO: ¿Cómo? Con Dolmancé... ¿haces venir una mujer a tu casa?

SRA. DE SAINT-ANGE: Se trata de una educación: es una jovencita que conocí en el convento el pasado otoño, mientras mi marido estaba en las aguas. Allí no pudimos nada, no nos atrevimos a nada, demasiados ojos estaban fijos en nosotras, pero nos prometimos reunirnos cuando fuera posible; ocupada únicamente por ese deseo, para satisfacerlo trabé conocimiento con su familia. Su padre es un libertino... al que he cautivado. Por fin viene la hermosa, la espero; pasaremos dos días juntas..., dos días deliciosos; la mejor parte de ese tiempo la emplearé en educar a esta personilla. Dolmancé y yo meteremos en esa linda cabecita todos los principios del libertinaje más desenfrenado, la abrasaremos con nuestros fuegos, la alimentaremos con nuestra filosofía, la inspiraremos nuestros deseos, y como quiero unir un poco de práctica a la teoría, como quiero que se demuestre a medida que se diserta, he destinado para ti, hermano mío, la cosecha de los mirtos de Citerea, para Dolmancé la de las rosas de Sodoma. Tendré dos placeres a la vez: el de gozar yo misma de esas voluptuosidades criminales y el de dar las lecciones, el de inspirar los gustos a la amable inocente que atraigo a nuestras redes. Y bien, caballero, ¿es digno de mi imaginación este proyecto?

EL CABALLERO: No puede ser concebido más que por ella; es divino, hermana mía, y te prometo cumplir a las mil maravillas el encantador papel que me destinas. ¡Ah, bribona, cómo vas a gozar con el placer de educar a esa niña! ¡Qué delicias para ti al corromperla, al ahogar en ese joven corazón todas las semillas de virtud y de religión que pusieron en él sus institutrices! En verdad que es demasiado vicioso para mí.

SRA. DE SAINT-ANGE: Ten por seguro que no ahorraré nada para pervertirla, para degradarla, para echar por tierra en ella todos los falsos principios de moral con que hayan podido aturdirla; en dos lecciones quiero volverla tan malvada como yo..., tan impía..., tan corrompida. Prevén a Dolmancé, ponle al tanto en cuanto llegue, para que el veneno de sus inmoralidades, al circular en ese joven corazón junto con el que yo lance en él, logre desarraigar en pocos instantes todas las semillas de virtud que podrían germinar sin nosotros.

EL CABALLERO: Era imposible encontrar un hombre mejor para lo que necesitabas: la irreligión, la impiedad, la inhumanidad, el libertinaje, fluyen de los labios de Dolmancé como antaño la unción mística de los del célebre arzobispo de Cambrai[2]; es el seductor más profundo, el hombre más corrompido, el más peligroso... ¡Ay, querida amiga, que tu alumna responda a los cuidados del preceptor y te garantizo que pronto estará perdida!

SRA. DE SAINT- ANGE: Me parece que no tardará mucho con las disposiciones que sé que tiene... EL CABALLERO: Pero, dime, querida hermana, ¿no temes nada de los padres? ¿Y si esa jovencita habla al volver a su casa?

SRA. DE SAINT-ANGE: No temo nada, he seducido al padre..., es mío. ¿Tendré que confesártelo? Me ha entregado a él para cerrarle los ojos; ignora mis designios, pero nunca se atreverá a profundizar en ellos... Lo tengo.

EL CABALLERO: ¡Tus medios son horribles!

SRA. DE SAINT-ANGE: Así han de ser para que resulten seguros.

EL CABALLERO: Y dime, por favor, ¿cómo es esa joven?

SRA. DE SAINT-ANGE: Se llama Eugenia, y es la hija de un tal Mistival, uno de los recaudadores[3] más ricos de la capital, de unos treinta y seis años; la madre tiene todo lo

---

[2] Se trata de Fénelon, a cuya «unción mística» alude Sade. [Nota del T.]

más treinta y dos, y la muchacha, quince. Mistival es tan libertino como su mujer devota. En cuanto a Eugenia, sería en vano, amigo mío, que tratara de pintártela: está por encima de mis pinceles; bástete estar convencido de que ni tú ni yo hemos visto nunca algo tan delicioso en el mundo.

EL CABALLERO: Pero esbózamela al menos, si no puedes pintármela, para que, sabiendo aproximadamente con quién tengo que habérmelas, llene mejor mi imaginación con el ídolo en que debo sacrificar.

SRA. DE SAINTANGE: Bueno, amigo mío: sus cabellos castaños, que a duras penas caben en el puño, le bajan hasta las nalgas; su tez es de una blancura resplandeciente, su nariz algo aguileña, sus ojos de un negro de ébano y de un ardor... ¡Oh, amigo mío, es imposible resistir a esos ojos! ¡No imaginaríais siquiera todas las tonterías que me han hecho hacer!... ¡Si vieras las lindas cejas que los coronan..., los interesantes párpados que los bordean!... Su boca es muy pequeña, sus dientes soberbios, y todo ello de una frescura... Una de sus bellezas es la elegante manera en que su hermosa cabeza está unida a sus hombros, el aire de nobleza que tiene cuando la vuelve... Eugenia es alta para su edad: se la echarían diecisiete años; su talle es un modelo de elegancia y de finura, sus pechos deliciosos... ¡Son, desde luego, dos titatas más hermosas!... ¡Apenas hay con qué colmar la mano, pero tan dulces..., tan frescas..., tan blancas!... ¡Veinte veces he perdido la cabeza besándolas! ¡Y si hubieras visto cómo se animaba con mis caricias..., cómo sus dos grandes ojos me pintaban el estado de su alma!... Amigo mío, no sé cómo es el resto. ¡Ay, a juzgar por lo que conozco, jamás el Olimpo tuvo divinidad que pudiera comparársele!... Pero ya la oigo..., déjanos, sal por el jardín para no encontrarte con ella y sé puntual a la cita.

EL CABALLERO: El cuadro que acabas de hacerme te responde de mi puntualidad... ¡Oh, cielos! ¡Salir..., dejarte en el estado en que estoy!... Adiós..., un beso, un beso solamente, hermana mía, para satisfacerme al menos hasta entonces. *(Ella lo besa, toca su polla a través del calzón, y el joven sale precipitadamente.)*

Segundo Diálogo

SEÑORA DE SAINT-ANGE, EUGENIA.

SRA. DE SAINT-ANGE: ¡Eh! Buenos días, hermosa mía; te esperaba con una impaciencia que fácilmente adivinarás si lees en mi corazón.

EUGENIA: ¡Oh, querida mía! Creí que no llegaría nunca, tanta era la prisa que tenía por estar en tus brazos; una hora antes de partir, he temblado de miedo a que fuera imposible venir; mi madre se oponía rotundamente a este delicioso viaje; pretendía que no era conveniente que una joven de mi edad viniese sola; pero mi padre la había

---

[3] En el texto, *traitant,* que el Diccionario Littré define como: «Aquel que se encarga de la cobranza de los dineros públicos en las condiciones reguladas por un tratado.» La elección de este cargo para Mistival no debe ser ajena a lo que de los «recaudadores» dice Montesquieu en *L'Esprit des lois:* los recaudadores romanos «eran ávidos, sembraban desgracias sobre las desgracias y hacían nacer las necesidades públicas de las necesidades públicas... Los recaudadores no tienen por destino más que la riqueza; no merecen ni la gloria y el honor de la nobleza, ni el respeto y la consideración de los magistrados» (XI, 18, y XIII, 20). [Nota del T]

golpeado tanto anteayer que una sola de sus miradas ha dejado anonadada a la señora de Mistival; ha terminado por consentir lo que me concedía mi padre, y he acudido corriendo. Me han dado dos días; es absolutamente preciso que tu coche y una de tus criadas me devuelvan pasado mañana.

SRA. DE SAINT-ANGE: ¡Qué breve es ese intervalo, ángel mío! Apenas podré, en tan poco tiempo, expresarte todo lo que me inspiras..., y además tenemos que hablar; ¿no sabes que es en esta entrevista en la que debo iniciarte en los misterios más secretos de Venus[4]? ¿Tendremos tiempo en dos días?

EUGENIA: ¡Ah, si no sé todo, me quedaré!... He venido aquí para instruirme y no me iré sin ser sabia.

SRA. DE SAINT-ANDE, *besándola:* ¡Oh, amor querido, cuántas cosas vamos a hacernos y decirnos una a otra! Pero, a propósito, ¿quieres almorzar, reina mía? Es posible que la lección sea larga.

EUGENIA: Querida amiga, no tengo otra necesidad que oírte; hemos almorzado a una legua de aquí; ahora esperaré hasta las ocho de la tarde sin sentir la menor necesidad.

SRA. DE SAINT-ANGE: Pasemos, pues, a mi tocador, ahí estaremos más a gusto; ya he prevenido a mis criados; tranquilízate, que a nadie se le ocurrirá interrumpirnos. *(Pasan a él abrazadas.)*

Tercer Dialogo

La escena transcurre en un tocador delicioso

SEÑORA DE SAINT ANDE, EUGENIA, DOLMANCÉ

EUGENIA, *muy sorprendida al ver en el gabinete a un hombre que no esperaba:* ¡Oh! ¡Dios! ¡Querida amiga, esto es una traición!

SRA. DE SAINT-ANGE, *igualmente sorprendida:* ¿Por qué azar estáis aquí, señor? Según creo, no deberíais llegar hasta las cuatro.

DOLMANCÉ: Siempre adelanta uno cuanto puede la dicha de veros, señora: me he encontrado con vuestro señor hermano; se ha dado cuenta de que sería necesaria mi presencia en las lecciones que debéis dar a la señorita; sabía que aquí sería el liceo donde se daría el curso, y me ha introducido secretamente pensando que no lo desaprobaríais; y en cuanto a él, como sabe que sus demostraciones no serán necesarias hasta después de las disertaciones teóricas, no aparecerá hasta entonces.

SRA. DE SAINT-ANGE: De veras, Dolmancé, vaya faena...

---

[4] La expresión es un recuerdo, probablemente, de los diálogos de Nicolás Chorier: *Aloisioe Sigue Toletano Satyra Sotadica De Arcani Amoris Et Veneris. Aloisia Hispanice Scripsit. Latinitate donavit Joannes Meursius,* cuya primera edición in-8° fue casi completamente secuestrada y quemada. Ha habido edición castellana moderna: *La Academia de las Damas. Llamada «Sátira sotádica de Luisa Sigea sobre los arcanos del amor y de Venus»,* en traducción del latín de Joaquín López Barbadillo (última edición Madrid, 1978). Para Gilbert Lély *La filosofía en el tocador* debe su «ordenamiento» a ese personaje de Chorier, Aloisia Sigea. [Nota del T.]

EUGENIA: Por la que no me dejo engañar, querida amiga; todo esto es obra tuya... Al menos debías haberme consultado. Y ahora siento una vergüenza que, evidentemente, se opondrá a todos nuestros proyectos.

SRA. DE SAINT-ANGE: Te aseguro, Eugenia, que la idea de esta sorpresa es únicamente de mi hermano; pero no te asustes: Dolmancé, a quien tengo por un hombre muy amable, y precisamente del grado de filosofía que nos hace falta para tu instrucción, no puede sino ser útil a nuestros proyectos; respecto a su discreción, te respondo de él como de mí. Familiarízate, pues, querida, con el hombre de mundo en mejor situación de formarte y guiarte en la carrera de la felicidad y de los placeres que queremos recorrer juntas.

EUGENIA, *sonrojándose:* ¡Oh, no por ello estoy menos confusa!...

DOLMANCÉ: Vamos, hermosa Eugenia, tranquilizaos..., el pudor es una vieja virtud de la que, con tantos encantos, debéis saber prescindir a las mil maravillas.

EUGENIA: Pero la decencia...

DOLMANCÉ: Otra costumbre gótica de la que bien poco caso se hace en el día. ¡Contraría tanto a la naturaleza! *(Dolmancé coge a Eugenia, la estrecha entre sus brazos y la besa.)*

EUGENIA, *defendiéndose:* ¡Acabad, señor! En verdad que me tratáis con pocos miramientos.

SRA. DE SAINT-ANGE: Eugenia, hazme caso, dejemos tanto una como otra de ser gazmoñas con este hombre encantador, no lo conozco más que a ti, y mira cómo me entrego a él. (Lo *besa lúbricamente en la boca.)* Imítame.

EUGENIA: ¡Oh! De acuerdo; ¿de quién tomaría mejores ejemplos? *(Se entrega a Dolmancé, que la besa ardientemente, metiéndole la lengua en la boca.)*

DOLMANCÉ: ¡Ah! ¡Qué amable y deliciosa criatura!

SRA. DE SAINT-ANDE, *besándola también:* ¿Habías creído, bribonzuela, que no iba a tener yo mi parte? (Aquí, *Dolmancé, teniendo a las dos en sus brazos, las lame durante un cuarto de hora a las dos y las dos se le entregan y lo rinden.)*

DOLMANCÉ: ¡Ah! ¡Estos preliminares me embriagan de voluptuosidad! Señoras mías, ¿querréis creerme? Hace mucho calor: pongámonos cómodos, hablaremos infinitamente mejor.

SRA. DE SAINT-ANGE: De acuerdo; vistámonos estas túnicas de gasa: de nuestros atractivos sólo velarán aquello que hay que ocultar al deseo.

EUGENIA: ¡De veras, querida, me obligáis a unas cosas!...

SRA. DE SAINT-ANDE, *ayudándola a desvestirse:* Totalmente ridículas, ¿no es eso?

EUGENIA: Por lo menos muy indecentes, la verdad... ¡Ay, cómo me besas!

SRA. DE SAINT-ANGE: ¡Qué pecho tan hermoso!... Es una rosa apenas entreabierta. DOLMANCÉ, *contemplando las tetas de Eugenia, sin tocarlas:* Y que promete otros encantos... infinitamente más estimables.

SRA. DE SAINT ANGE: ¿Más estimables?

DOLMANCÉ: ¡Oh, sí, palabra de honor! *(Al decir esto, Dolmancé hace ademán de volver a Eugenia para examinarla por detrás.)*

EUGENIA: ¡Oh, no, no, os lo suplico!

SRA. DE SAINT-ANGE: No, Dolmancé..., no quiero que veáis todavía... un objeto cuyo poder es demasiado imperioso sobre vos para que, teniendo lo metido en la cabeza, podáis luego razonar con sangre fría. Necesitamos de vuestras lecciones, dádnoslas, y los mirtos que queréis coger formarán luego vuestra corona.

DOLMANCÉ: Sea, pero para demostrar, para dar a esta hermosa criatura las primeras lecciones del libertinaje, es necesario, señora, que por lo menos vos tengáis la bondad de prestaros.

SRA. DE SAINT-ANGE: ¡En buena hora!... ¡Bien, mirad, heme aquí completamente desnuda: disertad sobre mí cuanto queráis!

DOLMANCÉ: ¡Ah, qué bello cuerpo! ¡Es la misma Venus... embellecida por las Gracias!

EUGENIA: ¡Oh, querida amiga, qué atractivos! Déjame recorrerlos a placer, déjame cubrirlos de besos. *(Lo hace.)*

DOLMANCÉ: ¡Qué disposiciones tan excelentes! Un poco menos ardor, bella Eugenia; sólo es atención lo que os pido por ahora.

EUGENIA: Vamos, escucho, escucho... Es que es tan hermosa..., tan rolliza, tan fresca... ¡Ay!, qué encantadora es mi amiga, ¿verdad, señor?

DOLMANCÉ: Es bella, decididamente..., perfectamente bella; pero estoy convencido de que vos no le vais a la zaga... Vamos, escuchadme, linda alumnita, porque si no sois dócil usaré con vos los derechos que ampliamente me concede el título de preceptor vuestro.

SRA. DE SAINT-ANGE: ¡Oh, sí, sí, Dolmancé, os la entrego; debéis reñirla mucho si no es prudente.

DOLMANCÉ: Bien podría no quedarme sólo en reprimendas.

EUGENIA: ¡Oh, justo cielo! Me asustáis. ¿Y qué haríais entonces, señor?

DOLMANCÉ, *balbuceando y besando a Eugenia en la boca:* Castigos..., palizas, y ese lindo culito bien podría responderme de las faltas de la cabeza. *(Se lo palmea a través de la túnica de gasa con que ahora está vestida Eugenia.)*

SRA. DE SAINT-ANGE: Sí, apruebo el proyecto, pero no lo demás. Comencemos nuestra lección, o el poco tiempo que tenemos para gozar de Eugenia va a pasar en preliminares, y no se hará su instrucción.

DOLMANCÉ, *que va tocando, sobre la Sra. de Saint-Ange, todas las partes que cita:* Comienzo. No hablaré de estos globos de carne: sabéis tan bien como yo que los llaman indistintamente *pechos, senos, tetas; su* uso es de gran virtud en el placer; un amante los tiene ante los ojos cuando goza; los acaricia, los palpa, algunos incluso hacen de ellos la sede del goce y, anidando su miembro entre los dos montes de Venus, que la mujer cierra y comprime sobre ese miembro, al cabo de unos pocos movimientos algunos hombres logran derramar ahí el bálsamo delicioso de la vida, derrame que constituye la mayor dicha de los libertinos... Pero ¿no sería mejor, señora, dar una disertación a nuestra colegiala sobre ese miembro al que habrá que citar constantemente?

SRA. DE SAINT ANGE: Así lo creo.

DOLMANCÉ: Pues bien, señora, voy a tenderme sobre ese canapé; vos os situaréis a mi lado, os apoderaréis del sujeto, y explicaréis vos misma sus propiedades a nuestra joven alumna. *(Dolmancé se coloca y la Sra. de Saint Ange muestra.)*

SRA. DE SAINTANGE: Este cetro de Venus que ves ante tus ojos, Eugenia, es el primer agente de los placeres en amor; se le llama *miembro* por excelencia; no hay ni una sola parte del cuerpo donde no se introduzca. Siempre dócil a las pasiones de quien lo mueve, suele anidar aquí *(toca el coño de Eugenia):* es su ruta ordinaria..., la más usual, pero no la más agradable; buscando un templo más misterioso, es con frecuencia aquí *(separa sus nalgas y muestra el agujero de su culo)* donde el libertino busca gozar: ya volveremos sobre ese goce, el más delicioso de todos; la boca, el seno, las axilas, también le presentan a menudo altares donde arde su incienso; en fin, cualquiera que sea el lugar que prefiera, tras ser agitado unos instantes se le ve lanzar un licor blanco y viscoso cuyo derramamiento sume al hombre en un delirio lo bastante vivo para procurarle los placeres más dulces que pueda esperar de su vida.

EUGENIA: ¡Oh, cuánto me gustaría ver correr ese licor!

SRA. DE SAINT-ANGE: Podría hacerlo mediante la simple vibración de mi mano; ¿veis cómo se irrita a medida que lo sacudo? Estos movimientos se llaman *masturbación* y, en términos de libertinaje, esta acción se llama *menearla.*

EUGENIA: ¡Oh, querida amiga, déjame menear ese hermoso miembro!

DOLMANCÉ: ¡No aguanto más! Dejadla hacer, señora: esa ingenuidad me la pone horriblemente tiesa.

SRA. DE SAINT-ANGE: Me opongo a tal efervescencia. Dolmancé, sed prudente: al disminuir el derrame de esa semilla la actividad de vuestros espíritus animales aminoraría el calor de vuestras disertaciones.

EUGENIA, *manipulando los testículos de Dolmancé:* ¡Oh, qué molesta estoy, querida amiga, por la resistencia que pones a mis deseos!... Y estas bolas, ¿cuál es su uso y cómo se llaman?

SRA. DE SAINT-ANGE: La palabra técnica es co*jones...,* testículos es la del arte. Estas bolas encierran el depósito de esa semilla prolífica de que acabo de hablarte, y cuya eyaculación en la matriz de la mujer produce la especie humana; pero nos basaremos poco en estos detalles, Eugenia, que dependen más de la medicina que del libertinaje. Una muchacha bonita no debe preocuparse más que de *joder,* nunca de *engendrar.* Pasaremos por alto todo lo que atañe al insulso mecanismo de la procreación, para fijarnos principal y únicamente en las voluptuosidades libertinas, cuyo espíritu no es nada procreador.

EUGENIA: Pero, querida amiga, cuando ese miembro enorme, que apenas cabe en mi mano, penetra, como tú me aseguras que puede hacerlo, en un agujero tan pequeño como el de tu trasero, debe causar un grandísimo dolor a la mujer.

SRA. DE SAINT-ANGE: Bien que esa introducción se haga por delante, bien se haga por detrás, cuando la mujer no está todavía acostumbrada siempre siente dolor. Le ha placido a la naturaleza hacernos llegar a la felicidad sólo por las penas: pero una vez vencidas, nada puede igualar los placeres que se gustan, y el que se experimenta al introducir este miembro en nuestros culos es indiscutiblemente preferible a cuantos puede procurar esa misma introducción por delante. ¡Cuántos peligros, además, no evita una mujer entonces! Menos riesgo para la salud, y ninguno de embarazo. No me extenderé más ahora sobre esta voluptuosidad; el maestro de ambas, Eugenia, la analizará pronto ampliamente y uniendo la práctica a la teoría, espero que te convenza, querida, de que, de todos los placeres del goce, éste es el único que debes preferir.

DOLMANCÉ: Daos prisa con vuestras demostraciones, señora, os lo ruego; no puedo aguantar más; me correré a pesar mío y ese temible miembro, reducido a nada, no podrá serviros en vuestras lecciones.

EUGENIA: ¡Cómo! ¿Se reduce a nada, querida, si pierde esa semilla de que hablas?... ¡Oh, déjame hacérsela perder, para que yo vea lo que ocurre... ¡Y, además, tendré tanto placer en ver correr eso!

SRA. DE SAINT ANGE: No, no, Dolmancé, levantaos; pensad que es el premio a vuestros trabajos y que sólo puedo entregároslo cuando lo hayáis merecido.

DOLMANCÉ: Sea, pero para convencer mejor a Eugenia de todo cuanto vamos a decirle sobre el placer, ¿qué inconveniente habría en que la magrearais delante de mí, por ejemplo?

SRA. DE SAINT-ANGE: Indudablemente, ninguno, y voy a proceder a ello con tanta más alegría cuanto que este episodio lúbrico no podrá sino ayudar a nuestras lecciones. Ponte sobre este canapé, querida.

EUGENIA: ¡Oh, Dios! ¡Qué deliciosa travesura! Pero ¿por qué todos esos espejos?

SRA. DE SAINT-ANGE: Es para que, al repetir las posturas en mil sentidos distintos, multipliquen hasta el infinito los mismos goces a los ojos de quienes los gustan sobre esta otomana. Ninguna de las partes de ninguno de los dos cuerpos puede ser ocultada por este medio; es preciso que todo esté a la vista: son otros tantos grupos reunidos a su alrededor que el amor encadena, otros tantos imitadores de sus placeres, otros tantos cuadros deliciosos, con los que su lubricidad se embriaga y que sirven para colmarla al punto.

EUGENIA: ¡Qué deliciosa invención!

SRA. DE SAINT-ANGE: Dolmancé, desvestid vos mismo a la víctima.

DOLMANCÉ: No será difícil puesto que no hay más que quitar esta gasa para ver al desnudo los más conmovedores atractivos. *(La desnuda, y sus primeras miradas se dirigen al instante al trasero.)* Ahora voy a verlo, voy a ver este culo divino y precioso que ansío con tanto ardor. ¡Vive Dios, qué relleno y qué frescura, cuánto brillo y elegancia!... ¡Jamás vi uno tan hermoso!

SRA. DE SAINT-ANGE: ¡Ah, bribón, cómo demuestran tus placeres y tus gustos tus primeros homenajes!

DOLMANCÉ: Pero ¿puede haber en el mundo nada que valga como esto?... ¿Dónde tendría el amor altares más divinos?... ¡Eugenia..., sublime Eugenia, déjame que colme este culo con las más dulces caricias! *(Lo palpa y lo besa transportado.)*

SRA. DE SAINT-ANGE: ¡Deteneos, libertino!... Olvidáis que sólo a mí me pertenece Eugenia, único precio de las lecciones que de vos espera; sólo después de haberlas recibido se convertirá en vuestra recompensa. Suspended esos ardores, o me enfado.

DOLMANCÉ: ¡Ah, bribona, son celos!... Pues bien, entregadme el vuestro; voy a colmarlo de los mismos homenajes. *(Le quita la túnica a la señora de Saint Ange y le acaricia el trasero.)* ¡Ay, qué bello es, ángel mío!... ¡y también qué delicioso! Dejadme que los compare... que admire el uno junto al otro: ¡es Ganímedes al lado de Venus! *(Colma de besos los dos.)* Para dejar siempre ante mis ojos el espectáculo encantador de tantas bellezas, ¿no podríais, señoras, enlazándoos una a otra, ofrecer sin cesar a mis miradas estos culos encantadores que idolatro?

SRA. DE SAINT-ANGE: ¡De mil amores!... Mirad, ¿estáis satisfecho?... *(Se abrazan una a otra, de forma que sus dos culos estén frente a Dolmancé.)*

DOLMANCÉ: No podría estarlo más: es precisamente lo que pedía; ahora agitad esos hermosos culos con todo el fuego de la lubricidad, que suban y bajen a compás, que sigan las impresiones con que el placer va a moverlos... ¡Bien, bien, es delicioso!

EUGENIA: ¡Ay, querida mía, qué placer me das!... ¿Cómo se llama esto que hacemos?

SRA. DE SAINTANGE: Masturbarse, amiga mía.... darse placer; pero mira, cambiemos de postura; examina mi *coño...*, así es como se llama el templo de Venus. Este antro que la mano cubre, examínalo bien: voy a entreabrirlo. Esa elevación que ves que está coronada se llama el *monte:* se guarnece de pelos comúnmente a los catorce o quince años, cuando una muchacha comienza a tener la regla. Esa lengüeta que se encuentra debajo se llama el *clítoris.* Ahí yace toda la sensibilidad de las mujeres: es el foco de toda la mía: no podrían excitarme esa parte sin verme extasiar de placer... Inténtalo... ¡Ay, bribonzuela... cómo lo haces!... ¡Se diría que no has hecho otra cosa en tu vida!... ¡Para!... ¡Para!... No, te digo que no, no quiero entregarme... ¡Ay, contenedme, Dolmancé!... Bajo los dedos hechiceros de esta linda niña, estoy a punto de perder la cabeza.

DOLMANCÉ: Bueno, pues para entibiar, si es posible, vuestras ideas variándolas, masturbadla vos misma; conteneos vos, y que sólo se corra ella... ¡Ahí, sí!... en esta postura; de este modo su lindo culo se encuentra bajo mis manos: voy a *masturbarla* ligeramente con un dedo... Entregaos, Eugenia; abandonad todos vuestros sentidos al placer; que sea el único dios de vuestra existencia; es el único al que una joven debe sacrificar todo, y a sus ojos nada debe ser tan sagrado como el placer.

EUGENIA: ¡Ay, al menos nada es tan delicioso, lo noto!... Estoy fuera de mí... ¡no sé ya ni lo que digo ni lo que hago!... ¡Qué embriaguez se apodera de mis sentidos!

DOLMANCÉ: ¡Cómo descarga la pequeña bribona!... Su ano se aprieta hasta cortarme el dedo... ¡Qué delicioso sería encularla en este instante! *(Se levanta y planta su polla ante el agujero del culo de la joven.)*

SRA. DE SAINT-ANGE: ¡Un poco de paciencia, que sólo nos preocupe la educación de esta querida niña!... Es tan dulce formarla...

DOLMANCÉ: Pues bien, Eugenia, ya lo ves, después de un magreo más o menos largo, las glándulas seminales se hinchan y terminan por exhalar un licor cuyo derrame sume a la mujer en el transporte más delicioso. Eso se llama *descargar.* Cuando tu buena amiga quiera, te haré ver de qué forma más enérgica y más imperiosa ocurre esa misma operación en los hombres.

SRA. DE SAINT-ANGE: Espera, Eugenia, voy a enseñarte ahora una nueva manera de sumir a una mujer en la voluptuosidad más extrema. Separa bien tus muslos... Dolmancé, ya veis que, de la forma en que la coloco, su culo queda para vos. Chupádselo mientras su coño va a serlo por mi lengua, y hagámosla extasiarse entre nosotros de este modo tres o cuatro veces seguidas si se puede. Tu monte es encantador, Eugenia. ¡Cuánto me gusta besar ese vellito!... Tu clítoris, que ahora veo mejor, está poco formado, pero es muy sensible... ¡Cómo te agitas!... ¡Déjame separarte!... ¡Ah, seguramente eres virgen!... Dime el efecto que experimentas cuando nuestras lenguas se introduzcan a la vez en tus dos aberturas. *(Lo hacen.)*

EUGENIA: ¡Ay, querida mía, es delicioso, es una sensación imposible de pintar! Me sería muy difícil decir cuál de vuestras lenguas me sume mejor en el delirio.

DOEMANCÉ: Por la postura en que estoy, mi polla está muy cerca de vuestras manos, señora; dignaos menearla, por favor, mientras yo chupo este culo divino. Hundid más vuestra lengua, señora, no os limitéis a chuparle el clítoris; haced penetrar esa lengua voluptuosa hasta la matriz: es la mejor forma de adelantar la eyaculación de su leche.

EUGENIA, *envarándose:* ¡Ay, no puedo más, me muero! ¡No me abandonéis, amigos míos, estoy a punto de desvanecerme!... *(Se corre en medio de sus dos preceptores.)*

SRA. DE SAINT-ANGE: Y bien, amiga mía, ¿cómo te encuentras tras el placer que te hemos dado?

EUGENIA: ¡Estoy muerta, estoy rota... estoy anonadada!... Pero explicadme, os lo ruego, dos palabras que habéis pronunciado y que no entiendo; en primer lugar, ¿qué significa matriz?

SRA. DE SAINT-ANGE: Es una especie de vaso, parecido a una botella, cuyo cuello abraza el miembro del hombre y que recibe el semen producido en la mujer por el rezumamiento de las glándulas, y en el hombre por la eyaculación que te haremos ver; y de la mezcla de estos licores nace el germen, que produce unas veces niños y otras niñas.

EUGENIA: ¡Ah!, entiendo; esa definición me explica al mismo tiempo la palabra leche, que al principio no había comprendido bien. Y ¿es necesaria la unión de las simientes para la formación del feto?

SRA. DE SAINT-ANGE: Probablemente, aunque esté probado sin embargo que el feto debe su existencia únicamente al semen del hombre; lanzado solo, sin mezcla con el de la mujer, no lo lograría; el que nosotras proporcionamos no hace más que elaborar; no crea nada, ayuda a la creación sin ser su causa. Muchos naturalistas modernos pretenden incluso que es inútil; por eso, los moralistas, siempre guiados por el descubrimiento de aquéllos, han deducido, con bastante verosimilitud, que en tal caso el niño formado de la sangre del padre sólo a éste debía ternura. Tal afirmación no carece de verosimilitud y, aunque mujer, no se me ocurriría combatirla.

EUGENIA: Encuentro en mi corazón la prueba de lo que me dices, querida, porque amo a mi padre hasta la locura, y siento que detesto a mi madre.

DOLMANCÉ: Semejante predilección no tiene nada de extraño: yo he pensado lo mismo; aún no me he consolado de la muerte de mi padre, mientras que cuando perdí a mi madre, salté de alegría... La detestaba cordialmente. Adoptad sin temor estos mismos sentimientos, Eugenia: son naturales. Formados únicamente por la sangre de nuestros padres, no debemos absolutamente nada a nuestras madres; no han hecho, además, sino prestarse al acto, mientras que el padre lo ha solicitado; el padre por tanto ha querido nuestro nacimiento, mientras que la madre no ha hecho sino consentirlo. ¡Qué diferencia para los sentimientos!

SRA. DE SAINT-ANGE: Existen mil razones más a tu favor, Eugenia. ¡Si hay alguna madre en el mundo que deba ser detestada, es con toda seguridad la tuya! Desabrida, supersticiosa, devota, gruñona... y de una gazmoñería indignante, apostaría a que esa mojigata no ha dado un paso en falso en su vida. ¡Ay, querida, cuánto detesto a las mujeres virtuosas!... Pero ya volveremos sobre ello.

DOLMANCÉ: Ahora ¿no sería necesario que Eugenia, dirigida por mí, aprendiese a devolver lo que vos acabáis de prestarle, y que os magrease ante mis ojos?

SRA. DE SAINT-ANGE: Consiento en ello, lo creo incluso útil; y, sin duda, durante la operación también querréis mi culo, ¿no es así, Dolmancé?

DOLMANCÉ: ¿Podéis dudar, señora, del placer con que le rendiré mis más dulces homenajes?

SRA. DE SAINT-ANGE, *presentándole* las nalgas: Y bien, ¿os parece que estoy bien puesta?

DOLMANCÉ: ¡De maravilla! Así puedo devolveros de la mejor manera posible los mismos servicios con que Eugenia se ha encontrado tan bien. Ahora, pequeña loca, poneos con la cabeza bien metida entre las piernas de vuestra amiga y devolvedle, con vuestra linda lengua, los mismos cuidados que acabáis de obtener de ella. ¡Vaya! Por la postura podría poseer vuestros dos culos; sobaré deliciosamente el de Eugenia, chupando el de su bella amiga. Ahí... bien. ¿Veis cómo nos conjuntamos?

SRA. DE SAINT-ANDE, *extasiándose:* ¡Me muero, vive Dios!... Dolmancé, ¡cuánto me gusta tocar tu hermosa polla mientras me corro!... ¡Quisiera que me inundara de leche!... ¡Masturbad!... ¡Chupadme, santo DiosL.. ¡Ay, cuánto me gusta hacer de *puta,* cuando mi esperma eyacula así!... Se acabó, no puedo más... Me habéis saciado los dos... Creo que nunca en mi vida he tenido tanto placer.

EUGENIA: ¡Qué contenta estoy de ser yo la causa! Pero una cosa, querida amiga, acaba de escapársete una palabra, y no la entiendo. ¿Qué entiendes tú por esa expresión de *puta?* Perdón, pero ya sabes que estoy aquí para instruirme.

SRA. DE SAINT-ANGE: Se denomina así, bella mía, a esas víctimas públicas de la depravación de los hombres, siempre dispuestos a entregarse a su temperamento o a su interés; felices y respetables criaturas que la opinión mancilla, pero que la voluptuosidad corona, y que, más necesarias a la sociedad que las mojigatas, tienen el coraje de sacrificar, para servirla, la consideración que esa sociedad osa quitarles injustamente. ¡Vivan aquellas a las que este título honra a sus ojos! Ésas son las mujeres realmente amables, las únicas verdaderamente filósofas. En cuanto a mí, querida mía, que desde hace doce años trabajo por merecerlo, te aseguro que lejos de molestarme, me divierte. Es más: me gusta que me llamen así cuando me follan; esa injuria me calienta la cabeza.

EUGENIA: ¡Oh! Me lo explico, querida; tampoco a mí me molestaría que me lo dijeran, aunque tengo menos méritos para el título; pero ¿no se opone la virtud a semejante conducta, y no la ofendemos al comportarnos como lo hacemos?

DOLMANCÉ: ¡Ah, renuncia a las virtudes, Eugenia! ¿Hay uno solo de los sacrificios que pueden hacerse a esas falsas divinidades que valga lo que un minuto de los placeres que se gustan ultrajándolas? Bah, la virtud no es más que una quimera, cuyo culto sólo consiste en inmolaciones perpetuas, en rebeldías sin número contra las inspiraciones del temperamento. Tales movimientos, ¿pueden ser naturales? ¿Aconseja la naturaleza lo que la ultraja? No seas víctima, Eugenia, de esas mujeres que oyes llamar virtuosas. No son, si quieres, nuestras pasiones las que ellas sirven: tienen otras, y con mucha frecuencia despreciables... Es la ambición, es el orgullo, son los intereses particulares, a menudo incluso sólo la frigidez de un temperamento que no les aconseja nada. ¿Debemos algo a semejantes seres, pregunto? ¿No han seguido ellas sólo las impresiones del amor propio? Por lo que a mí respecta, creo que tanto valen unas como otras; y quien sólo escucha esta última voz tiene más razones sin duda, puesto que ella sola es el órgano de la naturaleza, mientras que la otra lo es sólo de la estupidez y del prejuicio. Una sola gota de leche eyaculada por este miembro, Eugenia, me es más preciosa que los actos más sublimes de una virtud que desprecio.

EUGENIA: *(Tras haberse restablecido levemente la calma durante estas disertaciones, las mujeres, vestidas de nuevo con sus túnicas, están semiacostadas sobre el canapé, y Dolmancé junto a ellas en un gran sillón.)* Pero hay virtudes de más de una especie; ¿qué pensáis vos, por ejemplo, de la piedad?

DOLMANCÉ: ¿Qué puede ser esa virtud para quien no cree en la religión? ¿Y quién puede creer en la religión? Veamos, razonemos con orden, Eugenia: ¿no llamáis religión al pacto que liga al hombre con su creador, y que lo compromete a testimoniarle, mediante un culto, el reconocimiento que tiene por la existencia recibida de ese sublime autor?

EUGENIA: No se puede definir mejor.

DOLMANCÉ: Pues bien, si está demostrado que el hombre sólo debe su existencia a los planes irresistibles de la naturaleza; si está probado que, tan antiguo sobre este globo como el globo mismo, no es, como el roble, como el león, como los minerales que se encuentran en las entrañas de este globo, más que una producción necesitada por la existencia del globo, y que no debe la suya a nadie; si está demostrado que ese Dios, a quien los tontos miran como autor y fabricante único de todo lo que vemos, no es más que el *nec plus ultra* de la razón humana, el fantasma creado en el instante en que esa razón ya no ve nada más, a fin de ayudar a sus operaciones; si está probado que la existencia de ese Dios es imposible, y que la naturaleza, siempre en acción, siempre en movimiento, saca de sí misma lo que a los tontos place darle gratuitamente; si es cierto, suponiendo que ese ser inerte exista, sería con toda seguridad el más ridículo de los seres, puesto que no habría servido más que un solo día y luego durante millones de siglos estaría en una inacción despreciable; suponiendo que exista como las religiones nos lo pintan, sería con toda seguridad el más detestable de los seres, puesto que permite el mal sobre la tierra cuando su omnipotencia podría impedirlo; si, digo yo, todo esto estuviera probado, como indiscutiblemente lo está, ¿creéis entonces, Eugenia, que la piedad que vincule al hombre con ese Creador imbécil, insuficiente, feroz y despreciable, sería una virtud muy necesaria?

EUGENIA, *a la Sra. de Saint Ange:* ¿Cómo? ¿De veras, amable amiga, que la existencia de Dios sería una quimera?

SRA. DE SAINT-ANGE: Y, a todas luces, una de las más despreciables.

DOLMANCÉ: Hay que haber perdido el sentido para creer en ella. Fruto del pavor de unos y de la debilidad de otros, ese abominable fantasma, Eugenia, es inútil para el sistema de la tierra; infaliblemente la perjudicaría, porque sus voluntades, que debieran ser justas, jamás podrían aliarse con las injusticias, esenciales alas leyes de la naturaleza; porque constantemente debería querer el bien, mientras que la naturaleza sólo tiene que desearlo como compensación del mal que sirve a sus leyes; porque sería preciso que actuase siempre, y la naturaleza, que tiene la acción perpetua por una de sus leyes, no podría sino encontrarse en competencia y oposición perpetua con el. Pero, se dirá a esto, Dios y la naturaleza son la misma cosa. ¿No sería un absurdo? La cosa creada no puede ser igual al agente que crea: ¿es posible que el reloj sea el relojero? Pues bien, continuarían, la naturaleza no es nada, es Dios quien lo es todo. ¡Otra tontería! Necesariamente ha de haber dos cosas en el universo: el agente creador y el individuo creado. Ahora bien, ¿cuál es ese agente creador? Tal es la única dificultad que hay que resolver: ahí tienes la única cuestión que hemos de contestar.

Si la materia actúa, se mueve, por combinaciones que nos son desconocidas; si el movimiento es inherente a la materia, si ésta sola, en fin, puede, debido a su energía, crear, producir, conservar, mantener, equilibrar en las llanuras inmensas del espacio todos los globos cuya vista nos sorprende y cuya marcha uniforme, invariable, nos llena de respeto y de admiración, ¿qué necesidad habrá de buscar un agente extraño a todo esto, puesto que esa facultad activa se encuentra esencialmente en la naturaleza misma, que no es otra cosa que la materia en acción? Vuestra quimera deífica, ¿aclara algo? Desafío a que me lo prueben. Suponiendo que me engañe respecto a las facultades internas de la materia, se me plantea una dificultad por lo menos. ¿Qué hacéis presentándome para resolverla a vuestro Dios? Me planteáis otra más. ¿Y cómo queréis que admita por causa de lo que no comprendo algo que comprendo menos aún? ¿Será en medio de los dogmas de la religión cristiana que he de examinar... donde se me aparecerá vuestro espantoso Dios? Veamos un poco cómo me lo pinta...

¿Qué veo en el Dios de ese culto infame a no ser un inconsecuente y bárbaro que crea hoy un mundo de cuya construcción se arrepiente al día siguiente? ¿Qué veo sino un ser débil que jamás puede hacer que el hombre se pliegue a lo que él querría? Esta criatura, aunque emanada de él, le domina; ¡puede ofenderle y merecer por ello suplicios eternos! ¡Qué ser tan débil ese Dios! ¡Cómo! ¡Ha podido crear todo cuanto vemos y le es imposible formar un hombre a su guisa? Pero, me responderéis a esto, si lo hubiera creado así, el hombre no habría tenido mérito. ¡Qué simpleza! ¿Y qué necesidad hay de que el hombre merezca de su Dios? De haberlo formado completamente bueno, jamás habría podido hacer el mal, y desde ese momento la obra era digna de un Dios. Es tentar al hombre dejarle que elija. Y Dios, por su presciencia infinita, sabía de sobra lo que de ello resultaría. Desde ese momento, pierde adrede, por tanto, a la criatura que él mismo ha formado. ¡Qué horrible Dios ese Dios! ¡Qué monstruo! ¡Qué perverso más digno de nuestro odio y de nuestra implacable venganza! Sin embargo, poco satisfecho de tan sublime tarea, inunda al hombre para convertirlo; lo quema, lo maldice. Nada de todo esto lo cambia. Un ser más poderoso que ese despreciable Dios, el *Diablo,* que sigue conservando su poder, que sigue pudiendo desafiar a su autor, consigue constantemente, mediante sus seducciones, corromper el rebaño que se había reservado el Eterno. Nada puede vencer la energía de ese demonio en nosotros. ¿Qué imagina entonces, según vosotros, el horrible Dios que predicáis? No tiene más que un hijo, un hijo único que posee de no sé qué comercio carnal; porque igual que el hombre *jode,* éste ha querido que su Dios *joda* también; envía desde el cielo a esa respetable porción de sí mismo. Tal vez alguien imagine que esta sublime criatura ha de aparecer sobre rayos celestiales, en medio del cortejo de los ángeles, a la vista del universo entero... Nada de eso, sino en el seno de una puta judía; es en medio de un cortijo de cerdos donde se anuncia el Dios que viene a salvar la tierra. ¡Ésa es la digna extracción que le prestan! Pero su honorable misión, ¿nos resarcirá? Sigamos un instante al personaje. ¿Qué dice? ¿Qué hace? ¿Qué sublime misión recibimos de él? ¿Qué misterio va a revelar? ¿Qué dogma nos va a prescribir? ¿En qué actos, en fin, va a resplandecer su grandeza?

Veo en primer lugar una infancia ignorada, algunos servicios, indudablemente muy libertinos, prestados por ese bribonzuelo a los sacerdotes del templo de Jerusalén; luego una desaparición de quince años, durante la que el bribón va a envenenarse con todas las enseñanzas de la escuela egipcia, que finalmente introduce en Judea. Apenas reaparece, su demencia empieza por hacerle decir que es hijo de Dios, igual a su padre; a esta alianza asocia otro fantasma que denomina Espíritu Santo, ¡y asegura que estas tres personas no deben ser más que una! ¡Cuanto más sorprende a la razón este ridículo misterio, más afirma el bellaco que hay mérito en adoptarlo..., peligros en aniquilarlo! Asegura el imbécil que es para salvar a todos por lo que él ha tomado carne, aunque Dios, en el seno de un hijo de los hombres; ¡y los sorprendentes milagros que han de vérsele realizar, convencerán pronto de ello al universo! En una cena de borrachos, en efecto, el pícaro cambia, según se dice, el agua en vino; en un desierto, alimenta a varios malvados con provisiones ocultas que sus secuaces tenían preparadas; uno de sus camaradas se hace el muerto, y nuestro impostor lo resucita; se traslada a una montaña, y allí, solamente delante de dos o tres amigos suyos, hace un juego de manos que haría avergonzarse al peor prestidigitador de nuestros días.

Maldiciendo además con entusiasmo a quienes no crean en él, el tunante promete los cielos a todos los tontos que le escuchen. No escribe nada, dada su ignorancia; habla muy poco, dada su imbecilidad; hace aún menos, dada su debilidad, hasta que cansando finalmente a los magistrados, impacientados por sus discursos sediciosos, aunque muy raros, el charlatán se hace crucificar tras haber asegurado a los pillos que le siguen que, cada vez que lo invoquen, descenderá a ellos para que se lo coman. Le torturan, él deja que lo hagan. El señor su padre, ese Dios sublime de quien osa decir que desciende, no le presta la menor ayuda, y ya tenemos al tunante tratado como el último de los criminales, de los que tan digno era de ser el jefe.

Sus satélites se reúnen: «Estamos perdidos, dicen, y todas nuestras esperanzas se desvanecerán si no nos salvamos con una hazaña, con un golpe de efecto. Emborrachemos la guardia que rodea a Jesús; robemos su cuerpo, publiquemos que ha resucitado: la estratagema es segura; si conseguimos que crean en esta bribonada, nuestra nueva religión se sostendrá, se propagará, seducirá al mundo entero... ¡Manos a la obra!» Emprenden el golpe, tienen éxito. ¿A cuántos bribones la audacia no ha valido tanto como el mérito? El cuerpo es robado; los tontos, las mujeres y los niños gritan cuanto pueden, y, sin embargo, en aquella ciudad donde tan grandes maravillas acaban de realizarse, en esa ciudad teñida por la sangre de un Dios, nadie quiere creer en ese Dios; no se produce ni una sola conversión. Es más: el hecho es tan poco digno de ser transmitido que ningún historiador habla de él. Sólo los discípulos de ese impostor piensan en sacar partido del fraude, pero no por el momento.

La siguiente consideración es también muy esencial: dejan transcurrir varios años antes de hacer uso de su insigne bribonada; erigen, finalmente, sobre ella el edificio vacilante de su repugnante doctrina. Todo cambio place a los hombres. Cansados del despotismo de los emperadores, se les hacía necesaria una revolución. Escuchan a estos trapaceros, progresan rápidamente: es la historia de todos los errores. Pronto los altares de Venus y de Marte son sustituidos por los de Jesús y María; se publica la vida del impostor; esta insulsa novela encuentra víctimas; se le hace decir cien cosas en las que jamás pensó; algunas de sus ridículas frases se vuelven pronto la base de su moral, y, como esta novedad se predicaba a los pobres, la caridad se convierte en la primera virtud. Se instituyen ritos extravagantes bajo el nombre de *sacramentos,* el más digno y más abominable de los cuales es ése por el cual un sacerdote, cubierto de crímenes, tiene no obstante, por la virtud de algunas palabras mágicas, el poder de hacer llegar a Dios en un trozo de pan.

No lo dudemos; desde su mismo nacimiento este culto indigno habría sido destruido sin remisión si no hubieran empleado contra él otras armas que las del desprecio que merecía; pero se les ocurrió perseguirlo; creció; el medio era inevitable. Que traten de cubrirlo, incluso hoy, de ridículo, y caerá. El hábil Voltaire no empleaba otras armas, y es de todos los escritores el que puede vanagloriarse de haber hecho más prosélitos. En una palabra, Eugenia, ésta es la historia de Dios y de la religión; ved el caso que tales fábulas merecen, y decidíos sobre ellas en consecuencia.

EUGENIA: Mi elección no es difícil; yo desprecio todas esas fantasías repugnantes, e incluso ese Dios, al que aún tenía en consideración por debilidad o por ignorancia, no es para mí más que un objeto de horror.

SRA. DE SAINT-ANGE: Júrame no volver a pensar en ello, no ocuparte nunca de invocarle en ningún momento de tu vida y no volver a él mientras vivas.

EUGENIA, *precipitándose sobre el seno de la señora de Saint Ange:* ¡Ah! ¡Hago el juramento entre tus brazos! ¿No veo acaso que lo que exiges es por mi bien, y que no quieres que semejantes reminiscencias pueden perturbar jamás mi tranquilidad?

SRA. DE SAINT-ANGE: ¿Podría tener otro motivo?

EUGENIA: Pero, Dolmancé, según creo ha sido el análisis de las virtudes lo que nos ha llevado al análisis de las religiones. Volvamos a él. ¿No existirán en esa religión, por ridícula que sea, algunas virtudes prescritas por ella, y cuyo culto podría contribuir a nuestra felicidad?

DOLMANCÉ: Bueno, examinémoslo. ¿Será la castidad, Eugenia, esa virtud que vuestros ojos destruyen, aunque vuestro conjunto sea su imagen? ¿Acataríais la obligación de combatir todos los movimientos de la naturaleza? ¿Los sacrificaríais todos al vano y ridículo honor de no tener nunca una debilidad? Sed justa y responded, hermosa amiga: ¿Creéis encontrar en esa absurda y peligrosa pureza de alma todos los placeres del vicio contrario?

EUGENIA: No, palabra de honor que no quiero eso; no siento en mí la menor inclinación a ser casta, sino la mayor disposición al vicio contrario; pero, Dolmancé, la *caridad,* la *beneficencia,* ¿no podrían hacer la felicidad de algunas almas sensibles?

DOLMANCÉ: Lejos de nosotros, Eugenia, las virtudes que no hacen más que ingratos. Pero no te engañes, encantadora amiga: la beneficencia es más un vicio de orgullo que una verdadera virtud del alma; es por ostentación por lo que uno alivia a sus semejantes, nunca por la única mira de hacer una buena acción; se sentirían muy molestos si la limosna que acaban de dar no tuviera toda la publicidad posible. No imagines tampoco, Eugenia, que esta acción tiene tan buen resultado como se piensa: yo, personalmente, la considero el mayor de todas las estafas; acostumbra al pobre a socorros que deterioran su energía; no trabaja si espera vuestras caridades y, desde el momento en que le faltan, se convierte en ladrón o en asesino. Por todas partes oigo exigir medios para suprimir la mendicidad, y mientras se hace todo lo posible para multiplicarla. ¿Queréis no tener moscas en vuestra habitación? No derraméis azúcar para atraerlas. ¿Queréis no tener pobres en Francia? No distribuyáis ninguna limosna, y suprimid antes que nada vuestras casas de caridad. El individuo nacido en el infortunio, viéndose así privado de estos peligrosos recursos, empleará todo el coraje, todos los medios que haya recibido de la naturaleza para salir del estado en que ha nacido; no os importunará más. Destruid, derribad sin piedad esas detestables casas en que tenéis la desfachatez de encubrir los frutos del libertinaje de ese pobre, cloacas espantosas que vomitan cada día a la sociedad un enjambre repugnante de nuevas criaturas que no tienen más esperanza que vuestra bolsa. ¿De qué sirve, pregunto yo, conservar con tantos cuidados a tales individuos? ¿Hay miedo a que Francia se despueble? ¡Ah, no tengamos nunca ese temor!

Uno de los primeros vicios de este gobierno consiste en una población demasiado numerosa, y tales superfluidades no son en modo alguno riquezas para el estado. Estos seres supernumerarios son como las ramas parásitas que, viviendo sólo a expensas del tronco, terminan siempre por extenuarlo. Recordad que siempre que en cualquier gobierno la población es superior a los medios de existencia, ese gobierno languidece. Examinad atentamente Francia: veréis lo que os ofrece. ¿Qué resulta de ello? Ya se ve. El chino, más sabio que nosotros, se guarda mucho de dejarse dominar así por una población demasiado abundante. Nada de asilo para los frutos vergonzosos de su desenfreno: abandona esos horribles resultados como las secuelas de una digestión. Nada de casas para la pobreza: no se la conoce en China. Allí todo el mundo trabaja; allí todo el mundo es feliz, nada altera la energía del pobre y cada uno puede decir como Nerón: Quid *est pauper?*[5]

EUGENIA, *a la Sra. de Saint Ange:* Querida amiga, mi padre piensa lo mismo que el señor: en su vida ha hecho una obra buena. No cesa de reñir a mi madre por las sumas que gasta en tales prácticas. Era de la *Sociedad maternal,* de la *Sociedad filantró*pica: no sé de qué sociedad no era; él la ha obligado a dejar todo eso, asegurándola que le dejaría la pensión más módica si se le ocurría volver a caer en semejantes estupideces.

SRA. DE SAINT-ANGE: No hay nada más ridículo y al mismo tiempo más peligroso, Eugenia, que todas esas asociaciones; es a ellas, a las escuelas gratuitas y a las casas de caridad a las que debemos el horrible caos en que estamos ahora. No des jamás limosna, querida, te lo suplico.

EUGENIA: No temas; hace tiempo que mi padre exigió de mí lo mismo, y la beneficencia me tienta demasiado poco para infringir, en esto, sus órdenes..., los impulsos de mi corazón y tus deseos.

DOLMANCÉ: No dividamos esa porción de sensibilidad que hemos recibido de la naturaleza: es aniquilarla más que ampliarla. ¿Qué me importan a mí los males de los demás? ¿No tengo bastante con los míos para ir a afligirme con los que me son extraños? ¡Que el fuego de esa sensibilidad no alumbre nunca otra cosa que nuestros placeres! Seamos sensibles a cuanto los halaga, absolutamente inflexibles con todo lo demás. De ese estado anímico resulta una especie de crueldad no exenta a veces de delicia. No siempre se puede hacer el mal. Privados del placer que da, compensemos al menos esa sensación mediante la pequeña maldad excitante de no hacer nunca el bien.

EUGENIA: ¡Ah, Dios! ¡Cómo me inflaman vuestra lecciones! Creo que me mataría antes que obligarme ahora a hacer una buena acción.

SRA. DE SAINT-ANGE: Y si se presentase una mala, ¿estarías también dispuesta a cometerla?

EUGENIA: Cállate, seductora; no responderé hasta que no hayas terminado de instruirme. Me parece que después de cuanto me decís, Dolmancé, nada es tan indiferente sobre la tierra como cometer en ella el bien o el mal; ¿sólo nuestros gustos, nuestro temperamento, deben ser respetados?

DOLMANCÉ: ¡Ah! No lo dudéis, Eugenia; esas palabras de vicio y virtud sólo nos dan ideas puramente locales. No hay ninguna acción, por singular que podáis suponerla, que sea verdaderamente criminal; ninguna que pueda llamarse realmente virtuosa. Todo es en razón de nuestras costumbres y del clima que habitamos; lo que aquí es crimen, es con frecuencia virtud cien leguas más abajo, y las virtudes de otro hemisferio podrían, a la recíproca, ser crímenes para nosotros. No hay horror que no haya sido divinizado, ninguna virtud que no haya sido reprobada. De tales diferencias puramente geográficas nace el poco caso que debemos hacer de la estima o del desprecio de los hombres,

---

[5] En este fragmento hay fuertes relaciones con la tesis que, sobre la beneficencia, expone Rousseau en *La Nueva Eloisa* (VI, ii), aunque, por supuesto, *a contrario*. [Nota del T]

sentimientos ridículos y frívolos, por encima de los cuales debemos ponernos, hasta el punto incluso de preferir sin temor su desprecio, a poco que las acciones que nos lo merezcan tengan alguna voluptuosidad para nosotros.

EUGENIA: Pero me parece, sin embargo, que debe de haber acciones bastante peligrosas, bastante malas en sí mismas como para haber sido generalmente consideradas como criminales, y castigadas por tales de una punta a otra del universo.

SRA. DE SAINT-ANGE: Ninguna, amor mío, ninguna; ni siquiera la violación o el incesto; ni siquiera el asesinato o el parricidio.

EUGENIA: ¡Cómo! ¿Pueden excusarse en alguna parte tales horrores?

DOLMANCÉ: Han sido honrados, coronados, considerados como excelentes acciones, mientras que en otros lugares la humanidad, el candor, la beneficencia, la castidad, todas nuestras virtudes, en fin, eran miradas como monstruosidades.

EUGENIA: Os suplico que me expliquéis todo eso: exijo un breve análisis de cada uno de esos crímenes, rogándoos que comencéis por explicarme, primero, vuestra opinión sobre el libertinaje de las muchachas, luego sobre el adulterio de las mujeres.

SRA. DE SAINT-ANGE: Escúchame entonces, Eugenia. Es absurdo decir que tan pronto como una muchacha está fuera del seno de su madre, debe, desde ese momento, convertirse en víctima de la voluntad de sus padres, para permanecer así hasta su último aliento. No es en un siglo en que la amplitud y los derechos del hombre acaban de ser profundizados con tanto cuidado en el que las muchachas jóvenes deben seguir creyéndose esclavas de sus familias, cuando está probado que los poderes de esas familias sobre ellas son absolutamente quiméricos. Escuchemos a la naturaleza sobre tema tan interesante, y que las leyes de los animales, mucho más cercanos a ella, nos sirvan un momento de ejemplo. ¿Se extienden los deberes paternales en ellas más allá de las primeras necesidades físicas? Los frutos del goce del macho y de la hembra ¿no poseen toda su libertad, todos sus deseos? Tan pronto como pueden caminar y nutrirse solos, desde ese instante, ¿les conocen los autores de sus días? Y ellos, ¿creen deber algo a los que les han dado la vida? Indudablemente no. ¿Con qué derecho los hijos de los hombres están, pues, constreñidos a otros deberes? ¿Y qué fundamenta esos deberes si no es la avaricia o la ambición de los padres? Ahora yo pregunto si es justo que una joven que comienza a sentir y a razonar se someta a tales frenos. ¿No es acaso el prejuicio únicamente el que prolonga esas cadenas? No hay nada más ridículo que ver a una joven de quince o dieciséis años, urgida por deseos que está obligada a vencer, esperar, entre tormentos peores que los del infierno, que plazca a sus padres, tras haber hecho desgraciada su juventud, sacrificar aun su edad madura, inmolándola a su pérfida codicia, asociándola, a pesar suyo, a un esposo que o no tiene nada para hacerse amar o lo tiene todo para hacerse odiar.

¡Ay! No, no, Eugenia, tales ataduras serán muy pronto aniquiladas; es preciso que, alejando desde la edad de razón a la joven de la casa paterna, y tras haberle dado una educación nacional, se la deje dueña de convertirse, a los quince años, en lo que quiera. ¿Dará en el vicio? ¿Y qué importa? Los servicios que brinda una joven consintiendo en hacer la felicidad de todos los que a ella se dirigen, ¿no son infinitamente más importantes que los que, aislándose, ofrece a su esposo? El destino de la mujer es ser como la perra, como la loba: debe pertenecer a cuantos quieran algo de ella. Es, evidentemente, ultrajar al destino que la naturaleza impone a las mujeres encadenarlas por el lazo absurdo de un himeneo solitario.

Esperemos que se abran los ojos, y que, al asegurar la libertad de todos los individuos, no se olvide la suerte de las desgraciadas muchachas; pero, si son tan dignas de lástima que resultan olvidadas, deben colocarse ellas mismas por encima de la costumbre y del prejuicio y pisotear audazmente los hierros vergonzosos con que pretenden esclavizarlas; triunfarán entonces al punto de la costumbre y de la opinión; el hombre, vuelto más sabio porque será más libre, sentirá la injusticia que cometía por despreciar a las que así actuaron, y que el hecho de ceder a los impulsos de la naturaleza, mirado como un crimen en un pueblo cautivo, no puede serlo en un pueblo libre.

Parte, por tanto, de la legitimidad de tales principios, Eugenia, y rompe tus cadenas al precio que sea; desprecia las vanas reprimendas de una madre imbécil, a quien legítimamente no debes más que odio y desprecio. Si tu padre, que es un libertino, lo desea, en buena hora: que goce de ti, pero sin encadenarte; rompe el yugo si quiere esclavizarte; más de una joven ha actuado de la misma forma con su padre. Jode, en una palabra, jode; para esto has venido al mundo; no pongas límite alguno a tus placeres, a no ser el de tus fuerzas o el de tus deseos; ninguna excepción de lugares, de tiempos ni de personas; a toda hora y en todos los lugares, todos los hombres deben servir a tus voluptuosidades; la continencia es una virtud imposible, de la que la naturaleza, violada en sus derechos, nos castiga al punto con mil desgracias. Mientras las leyes sean las que todavía son, usemos de ciertos velos; la opinión nos obliga a ello; pero compensémonos en silencio de esa castidad cruel que estamos obligadas a tener en público.

Que una muchacha trabaje por conseguir una buena amiga que, libre y de mundo, pueda hacerle gustar secretamente los placeres; que, a falta de esa amiga, trate de seducir a los argos de que está rodeada; que les suplique que la prostituyan, prometiéndoles todo el oro que puedan sacar de su venta, y esos argos por sí mismos, o las mujeres que ellos encuentren, y que se llaman *celestinas,* realizarán al punto las miras de la joven; que entonces arroje polvo a los ojos de cuantos la rodean, hermanos, primos, amigos, padres; que se entregue a todos, si es necesario para ocultar su conducta; que haga incluso, si se lo exigen, sacrificio de sus gustos y de sus afectos, una intriga que le ha desagradado, y a la que se habrá entregado sólo por política, no tardará en llevarla a una situación más agradable, y ya está *lanzada.* Pero que nunca vuelva a los prejuicios de su infancia; amenazas, exhortaciones, deberes, virtudes, religión, consejos, que pisotee todo; que rechace y desprecie obstinadamente cuanto sólo tienda a encadenarla de nuevo, cuanto, en una palabra, no apunte a guiarla al seno de la impudicia.

Las predicciones de desgracias en el camino del libertinaje no son más que una extravagancia de nuestros padres; hay espinas en todas partes, pero las rosas se encuentran por encima de ellas en la carrera del vicio; sólo en los senderos cenagosos de la virtud no las ha hecho nacer nunca la naturaleza. El único escollo a temer en el primero de esos caminos es la opinión de los hombres; pero ¿qué muchacha ingeniosa no ha de superar esa despreciable opinión a poco que reflexione? Los placeres recibidos de la estima, Eugenia, no son más que placeres morales, sólo convenientes a ciertas cabezas; los de la *jodienda* agradan a todos, y estos seductores atractivos nos compensan pronto de ese desprecio ilusorio al que es difícil escapar si se desafía a la opinión pública, pero del que muchas mujeres sensatas se han burlado hasta el punto de hacer de él un placer más. Jode, Eugenia, jode pues, ángel mío: tu cuerpo es tuyo, sólo tuyo; sólo tú en el mundo tienes derecho a gozar de él y a hacer gozar con él a quien bien te parezca.

Aprovecha el tiempo más feliz de tu vida: ¡son demasiado cortos estos felices años de nuestros placeres! Si somos lo bastante afortunadas para haber gozado en ellos, deliciosos recuerdos nos consuelan y nos divierten aún en nuestra vejez. ¿Que los hemos perdido?... Recuerdos amargos, horribles remordimientos nos desgarran y se unen a los tormentos de la edad para rodear de lágrimas y zarzas la funesta proximidad del ataúd...

¿Tienes acaso la locura de la inmortalidad? Pues bien, querida, es jodiendo como permanecerás en la memoria de los hombres. Se ha olvidado pronto a las Lucrecias, mientras que las Teodoras y las Mesalinas son motivo de las conversaciones más dulces y más frecuentes de la vida ¿Cómo pues, Eugenia, no preferir un partido que, coronándonos de flores aquí abajo, nos deja aún la esperanza de culto más allá de la tumba? ¿Cómo, pregunto yo, no preferir este partido a aquel que, haciéndonos vegetar imbécilmente en la tierra, no nos promete después de nuestra existencia más que el desprecio y el olvido?

EUGENIA, *a la Sra. de Saint-Ange:* ¡Ay, amor mío, cómo inflaman mi cabeza y seducen mi alma esos discursos seductores! Estoy en un estado difícil de pintar... Y, dime, ¿podrás presentarme a algunas de esas mujeres... *(turbada)* que me prostituirán, si se lo digo?

SRA. DE SAINT-ANGE: De aquí a que tengas más experiencia, eso sólo me atañe a mí, Eugenia; déjame a mí ese cuidado, y, más aún, todas las precauciones que adopte para cubrir tus extravíos: mi hermano y este amigo seguro que te instruye serán los primeros a quienes quiero que te entregues; luego te buscaremos otros. No te inquietes, querida amiga: ¡te haré volar de placer en placer, te sumergiré en un mar de delicias, te colmaré de ellas, ángel mío, te hartaré de ellas!

EUGENIA, *precipitándose en brazos de la Sra. de Saint Ange:* ¡Oh, querida, te adoro; mira, nunca tendrás una alumna más sumisa que yo; pero me parece que me diste a entender, en nuestras antiguas conversaciones, que era difícil para una joven lanzarse al libertinaje sin que el esposo que debe tomar se dé cuenta.

SRA. DE SAINT-ANGE: Cierto, querida, pero hay secretos que zurcen todas esas brechas. Te prometo hacértelos conocer, y entonces, aunque hayas jodido como Antonieta, me encargo de hacerte tan virgen como el día en que viniste al mundo.

EUGENIA: ¡Ah! ¡Eres deliciosa! Vamos, sigue instruyéndome. Apresúrate, en tal caso, a enseñarme cuál ha de ser la conducta de una mujer en el matrimonio.

SRA. DE SAINT-ANGE: En cualquier estado, querida, en que se encuentre una mujer, sea doncella, sea mujer, sea viuda, nunca debe tener otra meta, otra ocupación y otro deseo, que hacerse joder de la mañana a la noche: para este único fin es para lo que la ha creado la naturaleza; y si, para cumplir tal intención, exijo de ella pisotear todos los prejuicios de su infancia, si le prescribo la desobediencia más formal a las órdenes de su familia, el desprecio más constante de todos los consejos de sus padres, convendrás, Eugenia, que, de todos los frenos a romper, el que antes le aconsejaré aniquilar será con toda seguridad el del matrimonio.

Considera, en efecto, Eugenia, a una joven apenas salida de la casa paterna, que no conoce nada, que no tiene experiencia alguna, obligada a pasar súbitamente a los brazos de un hombre al que jamás ha visto, obligada a jurar a este hombre, al pie de los altares, una obediencia y una fidelidad injusta, porque en el fondo de su corazón sólo tiene el mayor deseo de faltar a esa palabra. ¿Hay en el mundo, Eugenia, suerte más horrible que ésa? Sin embargo, mírala ahí atada, le plazca o no su marido, tenga él o deje de tener para con ella ternura o malos modos; su honor se basa en sus juramentos; él queda mancillado si ella los infringe; es preciso que ella se pierda o que arrastre el yugo, aunque tenga que morir por ello de dolor. ¡Ah, no, Eugenia, no, no es para ese fin para el que nosotras hemos nacido! Esas leyes absurdas son obra de los hombres, y nosotras no debemos someternos a ellas. El divorcio incluso, ¿es capaz de satisfacernos?

Indudablemente, no. ¿Quién nos responde de encontrar con mayor seguridad en unos segundos lazos la dicha que se nos ha escapado en los primeros? Compensemos por tanto en secreto toda la coacción de ataduras tan absurdas, seguras de que nuestros desórdenes en este punto, sean cuales fueren los. excesos a que podamos llevarlos, lejos de ultrajar a la naturaleza, no son más que un homenaje sincero que le rendimos; ceder a los deseos que sólo ella ha puesto en nosotros no es más que obedecer sus leyes; sólo resistiendo a ellos la ultrajaríamos. El adulterio, que los hombres miran como un crimen, que han osado castigar como tal arrancándonos por él la vida, el adulterio, Eugenia, no es más que el pago de un derecho a la naturaleza, del que las fantasías de esos tiranos jamás podrán sustraernos. Pero ¿no es horrible, dicen nuestros esposos, exponernos a querer como a hijos nuestros, a abrazar como a tales, los frutos de vuestros desórdenes? Esa es la objeción de Rousseau[6]; y es, convengo en ello, la única algo especiosa con que puede combatirse el adulterio. Pero ¿no es extremadamente fácil entregarse al libertinaje sin temer el embarazo? ¿No es más fácil todavía destruirlo, si por imprudencia ha ocurrido? Pero como volveremos sobre este tema no trataremos ahora más que el fondo de la cuestión: veremos que el argumento, por especioso que parezca al principio, sólo es, sin embargo, quimérico.

En primer lugar, mientras me acueste con mi marido, mientras su semilla corra hasta el fondo de mi matriz, aunque vea a diez hombres al mismo tiempo que a él, nada podrá probarle nunca que el hijo que nazca no le pertenece; puede ser suyo como puede no serlo, y en caso de incertidumbre no puede ni debe jamás (puesto que ha cooperado a la existencia de esta criatura) tener escrúpulo alguno por conservar esa existencia. Desde el momento en que puede pertenecerle, le pertenece, y cualquier hombre que sufra por sospechas sobre este tema, sería igual de desgraciado aunque su mujer fuera una vestal, porque es imposible responder de una mujer y porque la que ha sido prudente diez años puede dejar de serlo un día. Por tanto, si ese marido es suspicaz, lo será en todos los casos; jamás estará seguro de que el hijo que abraza es verdaderamente el suyo. Y si puede ser suspicaz siempre, no hay ningún inconveniente en legitimar algunas veces las sospechas; para su estado de dicha o de desgracia moral no sería ni más ni menos; por lo tanto, da lo mismo que ocurra. Ahí lo tienes, supongo, en un completo error: ahí lo tienes acariciando el fruto del libertinaje de su mujer: ¿dónde está el crimen? ¿No son comunes nuestros bienes? En tal caso, ¿qué mal hago metiendo en el hogar un hijo que debe gozar de una parte de esos bienes? Será de la mía de la que gozará; no robará nada a mi tierno esposo; esa parte que va a disfrutar, la considero tomada de mi dote; por lo tanto, ni ese hijo ni yo le quitamos nada a mi marido. Si ese hijo hubiera sido suyo, ¿a título de qué habría participado de mis bienes? ¿No sería en razón de lo que hubiera

---

[6] *La Nueva Eloísa* (III, xviii): «¿Hay en el mundo algún hombre honesto que no sienta horror a cambiar el hijo de otro durante la cría? ¿Y es menor crimen cambiarlo en el seno de la madre?» [Nota del T.]

emanado de mí? Pues bien, va a gozar de esa parte en virtud de esa misma razón de alianza íntima. Es porque ese hijo me pertenece por lo que le debo una porción de mis riquezas.

¿Qué reproche tenéis que hacerme, si él también las disfruta? - Pero engañáis a vuestro marido; esa falsedad es atroz. - No, se trata de una devolución, eso es todo; he sido la primera víctima de unos lazos que él me ha forzado a tomar: y me vengo de ello, ¿hay algo más simple? - Pero se trata de un ultraje real hecho al honor de vuestro marido. - ¡Prejuicios! Mi libertinaje no afecta a mi marido para nada; mis faltas son personales. Ese pretendido deshonor estaba bien hacía un siglo; hoy ya estamos de vuelta de esa quimera y mi marido no queda más mancillado por mis desenfrenos de lo que yo podría estarlo por los suyos.

¡Yo joderé con toda la tierra sin hacerle siquiera un rasguño! Esa pretendida lesión no es, por tanto, más que una fábula, de existencia imposible. Una de dos: o mi marido es brutal y celoso, o es un hombre delicado; en la primera hipótesis, lo mejor que puedo hacer es vengarme de su conducta; en la segunda, no podría afligirlo; dado que me gustan los placeres, se sentirá feliz por ello si es honesto; no hay ningún hombre delicado que no goce con el espectáculo de la felicidad de la persona que adora. - Pero si le amáis, ¿os gustaría que hiciera otro tanto? - ¡Ay, desgraciada de la mujer a la que se le ocurra estar celosa de su marido! Que se contente con lo que la da, si le ama; pero que no trate de contradecirle; no sólo no lo conseguiría, sino que se haría detestar enseguida. Si soy razonable, nunca me afligiré por tanto de los desenfrenos de mi marido. ¡Que haga él lo mismo conmigo, y la paz reinará en el hogar!

Resumamos: Sean cuales fueren los efectos del adulterio, aunque sea introducir en el hogar hijos que no pertenecen al esposo, desde el momento en que son de la mujer tienen derechos seguros a una parte de la dote de esa mujer; el marido, si lo sabe, debe mirarlos como a hijos que su mujer hubiera tenido de un primer matrimonio; si no sabe nada, no podrá ser desgraciado, porque es imposible serlo por un mal que se ignora; si el adulterio no tiene secuelas, y si es desconocido por el marido, ningún jurisconsulto podría probar, en ese caso, que pueda ser un crimen; desde ese momento el adulterio no es más que una acción completamente indiferente para el marido, que no lo conoce, y perfectamente buena para la mujer, a la que deleita; si el marido descubre el adulterio, entonces no es el adulterio lo que es un mal, porque no lo era hacía un momento, y él no puede cambiar de naturaleza; lo único que hay es el descubrimiento que de él ha hecho el marido; ahora bien, este error sólo a él pertenece: no podría afectar a la mujer.

Quienes antaño castigaron el adulterio eran, por tanto, verdugos, tiranos, celosos que, remitiendo todo a sí mismos, imaginaban injustamente que bastaba con ofenderlos para ser criminal, como si una injuria personal debiera considerarse alguna vez un crimen, y como si en justicia pudiera llamarse crimen a una acción que, lejos de ultrajar a la naturaleza y a la sociedad, sirve evidentemente a la una y a la otra. Hay, sin embargo, casos en que el adulterio, fácil de probar, se vuelve más embarazoso para la mujer, sin ser por ello más criminal; es, por ejemplo, el del esposo que se encuentra en la impotencia o sometido a gustos contrarios a la procreación. Como ella goza mientras su marido no goza nunca, tales excesos se tornan indudablemente más ostensibles entonces; pero ¿debe molestarse ella por esto? Indudablemente, no. La única precaución que debe usar es no hacer hijos, o abortar si tales precauciones le fallan. Si son gustos antifísicos los que la obligan a compensarse por las negligencias de su marido, ante todo tiene que satisfacerle sin repugnancia en sus gustos, sean de la naturaleza que sean; luego, que le haga entender que semejantes complacencias merecen sobradamente algunos miramientos; que pida una libertad total en razón de la que otorga. Entonces el marido niega o consiente; si consiente, como ha hecho el mío, una mujer vive tranquila, redoblando los cuidados y las condescendencias para con sus caprichos; si se niega, hay que espesar los velos, y entonces una jode tranquilamente a su sombra. ¿Que es impotente? Una se separa, pero, en cualquier caso, ha de vivir a gusto; hay que joder siempre, amor mío, porque nosotras hemos nacido para joder, porque cumplimos las leyes de la naturaleza jodiendo, y porque toda la ley humana que contraría las de la naturaleza no merece otra cosa que el desprecio.

Vive muy engañada la mujer a la que nudos tan absurdos como los del himeneo impiden entregarse a sus inclinaciones, que teme bien el embarazo, bien los ultrajes de su esposo, o la mancilla, más vana aún, de su reputación. Acabas de verlo, Eugenia, sí, acabas de sentir cuán engañada está, cómo inmola vilmente a los más ridículos prejuicios tanto su felicidad como todas las delicias de la vida. ¡Ah! ¡Que joda, que joda impunemente! Un poco de falsa gloria, algunas frívolas esperanzas religiosas, ¿podrán compensarla de tales sacrificios? No, no, tanto la virtud como el vicio se confunden en la tumba. Al cabo de algunos años, ¿exalta el público más a unos de lo que condena a otros? ¡No, una vez más, no, y no! Y la desgraciada que haya vivido sin placer, expira, ¡ay!, sin compensación.

EUGENIA: ¡Cómo me convences, ángel mío! ¡Cómo triunfas de mis prejuicios! ¡Cómo destruyes todos los falsos principios que mi madre había puesto en mí! ¡Ay! Quisiera estar casada mañana mismo para poner al punto en práctica tus máximas. ¡Qué seductoras son, qué verdaderas, y cuánto las amo! Sólo una cosa me inquieta, querida amiga, en lo que acabas de decirme, y como no lo entiendo te suplico que me lo expliques. Pretendes que tu marido no se comporta, durante el goce, de forma que pueda tener hijos. Dime, por favor, ¿qué es lo que le hace entonces?

SRA. DE SAINT-ANGE: Mi marido era ya viejo cuando me casé con él. Desde la primera noche de bodas me previno de sus fantasías, asegurándome que por su parte jamás pondría obstáculos a las mías. Juré obedecerle, y desde esa época siempre hemos vivido los dos en la más deliciosa libertad. El gusto de mi marido consiste en que se la chupe, y mira el singularísimo episodio que une a esto: mientras que, inclinada sobre él, con mis nalgas a plomo sobre su rostro, absorbo con ardor la leche de sus cojones, tengo que cagarle en la boca... ¡Lo traga!...

EUGENIA: ¡Vaya fantasía extraordinaria!

DOLMANGÉ: Ninguna puede ser calificada así, querida; todas están en la naturaleza; le plugo, al crear a los hombres, diferenciar sus rostros como sus figuras, y no debemos asombrarnos de la diversidad que ha puesto en nuestros trazos más que de la que ha puesto en nuestros afectos. La fantasía de que acaba de hablaros vuestra amiga no puede estar más de moda; una infinidad de hombres, y sobre todo los de cierta edad, se entregan a ella prodigiosamente; ¿os negaríais, Eugenia, si alguien la exigiera de vos?

EUGENIA, *enrojeciendo:* Según las máximas que me son inculcadas aquí, ¿puedo negarme a algo? Sólo pido perdón para mi sorpresa: es ésta la primera vez que oigo todas esas lubricidades; es preciso, en primer lugar, que las conciba; pero de la solución del problema a la ejecución del procedimiento, creo que mis preceptores deben estar seguros de que no habrá nunca más distancia que la que ellos mismos exijan. De cualquier modo, querida, ¿ganas tu libertad a cambio del consentimiento a esta complacencia?

SRA. DE SAINT-ANGE: La libertad más total, Eugenia. Hago por mi parte lo que quiero, sin que él ponga obstáculos, pero no tomo amantes: amo demasiado el placer para eso. ¡Pobre de la mujer que se ata! ¡Basta un amante para perderla, mientras que diez escenas de libertinaje repetidas cada día, si ella lo quiere, se desvanecerán en la noche del silencio tan pronto como estén consumadas! Yo era rica: pagaba a jóvenes que me jodían sin conocerme; me rodeaba de sirvientes encantadores, seguros de gustar los más dulces placeres conmigo si eran discretos, también de ser despedidos si decían una sola palabra. No tienes idea, ángel mío, del torrente de delicias en que me sumergí de esta manera. Ésa es la conducta que siempre prescribiré a todas las mujeres que quieran imitarme. Desde hace doce años que estoy casada, me han jodido más de diez o doce mil individuos... ¡y en mi sociedad me creen mojigata! Cualquier otra habría tenido amantes, y al momento habría estado perdida.

EUGENIA: Esta máxima es la más segura; y será por supuesto la mía; es preciso que, como tú, me case con un hombre rico y sobre todo con un hombre de fantasías... Pero, querida, tu marido, estrictamente ligado a sus gustos, ¿no exigió nunca otra cosa de ti?

SRA. DE SAINT-ANGE: Nunca, desde hace doce años no se ha desdicho un solo día, excepto cuando tengo mis reglas. Una joven muy hermosa, que él ha querido que tome a mi servicio, me reemplaza entonces, y todo va a pedir de boca.

EUGENIA: Pero sin duda él no se queda ahí; ¿no concurren exteriormente otros objetos a diversificar sus placeres?

DOLMANCÉ: No lo dudéis, Eugenia: el marido de la señora es uno de los mayores libertinos de su siglo; gasta más de cien mil escudos anuales en los gustos obscenos que vuestra amiga acaba de pintaros hace un instante.

SRA. DE SAINT-ANGE: A decir verdad, tampoco yo lo dudo; pero ¿qué me importan a mí sus excesos cuando su multiplicidad autoriza y oculta con un velo los míos?

EUGENIA: Sigamos, te lo ruego, el pormenor de las maneras con que una joven, casada o no, puede preservarse del embarazo, porque he de confesarte que ese temor me asusta mucho, sea con el esposo que debo tomar, sea en la carrera del libertinaje; acabas de indicarme una al hablar de los gustos de tu esposo; pero esa forma de gozar, que puede ser muy agradable para el hombre, no me parece que lo sea tanto para la mujer, y es de nuestros goces exentos de unos riesgos que temo de lo que deseo que me hables.

SRA. DE SAINT-ANGE: Una joven nunca se expone a tener hijos mientras no se la deje meter en el coño. Que evite con cuidado esa manera de gozar; que ofrezca en su lugar indistintamente su mano, su boca, sus tetas o el ojete de su culo. Por esta última vía, recibirá mucho placer, e incluso más que por otras partes; de las demás maneras, lo dará.

A la primera de esas formas, quiero decir, a la de la mano, se procede como acabas de ver, Eugenia: una sacude, como si lo bombease, el miembro de su amigo; al cabo de algunos movimientos, el esperma salta; el hombre te besa, te acaricia durante ese tiempo, y cubre con ese licor la parte de tu cuerpo que mejor le place. ¿Que lo quiere hacer metido entre los senos? Nos tendemos en la cama, colocamos el miembro viril en medio de los dos pechos, lo presionamos, y al cabo de unas cuantas sacudidas el hombre se corre de tal modo que nos inunda las tetas y algunas veces la cara. Esta manera es la menos voluptuosa de todas, y sólo puede convenir a mujeres cuyo pecho, a fuerza de servicio, haya adquirido suficiente flexibilidad para apretar el miembro del hombre comprimiéndose sobre él. El goce de la boca es infinitamente más agradable, tanto para el hombre como para la mujer. La mejor forma de gustarlo es que la mujer se tienda a contra sentido sobre el cuerpo de su jodedor; te mete la polla en la boca y, con la cabeza entre tus muslos, te devuelve lo que le haces, introduciéndote su lengua en el coño o sobre el clítoris; cuando se adopta esta postura hay que agarrar, empuñar las nalgas y cosquillearse recíprocamente el agujero del culo, episodio siempre necesario para el complemento de la voluptuosidad. Amantes calientes y llenas de imaginación tragan entonces la leche que exhalan en su boca, y gozan delicadamente de este modo el placer voluptuoso de hacer pasar mutuamente a sus entrañas ese precioso licor, malvadamente escamoteado a su destino usual.

DOLMANCÉ: Esta forma es deliciosa, Eugenia; os recomiendo su ejecución. Echar a perder así los derechos de la propagación y contrariar de esta forma lo que los tontos llaman leyes de la naturaleza, está realmente lleno de encantos. Los muslos, las axilas, sirven a veces también de asilo al miembro del hombre, y le ofrecen reductos donde su semilla puede perderse sin riesgo de embarazo.

SRA. DE SAINT-ANGE: Algunas mujeres se meten en el interior de la vagina esponjas que, al recibir el esperma, le impiden lanzarse en el vaso que lo haría propagarse; otras obligan a sus jodedores a servirse de una bolsita de piel de Venecia, vulgarmente llamada condón, donde la semilla corre sin riesgo de alcanzar la meta; pero de todas estas maneras, la del culo es la más deliciosa indudablemente. Dolmancé, os dejo que disertéis sobre ella. ¿Quién mejor que vos para pintar un gusto por el que daríais vuestra vida, si su defensa lo exigiera?

DOLMANCÉ: Confieso mi debilidad. Convengo en que no hay ningún goce en el mundo que sea preferible a éste; lo adoro en los dos sexos; pero el culo de un joven muchacho, debo admitirlo, me da aún más voluptuosidad que el de una muchacha. Se llama *bujdrrones*[7] a quienes se entregan a esta pasión; ahora bien, cuando uno es bujarrón, Eugenia, hay que serlo hasta el final. Joder a las mujeres por el culo no es más que serlo a medias: es en el varón donde la naturaleza quiere que el hombre se sirva de esta fantasía; y es especialmente por el hombre por el que nos ha dado gusto. Es absurdo decir que tal manía ultraja a la naturaleza. ¿Puede ser, cuando es la que nos lo inspira? ¿Puede dictar lo que la degrada? No, Eugenia, no; se la sirve tan bien ahí como en otra parte, y quizá de forma más santa incluso. La propagación no es más que una tolerancia por su parte. ¿Cómo podría haber prescrito por ley un acto que la priva de los derechos de su omnipotencia, puesto que la propagación no es más que una secuela de sus primeras intenciones, y dado que, si nuestra especie fuera destruida totalmente, nuevas construcciones rehechas por su mano volverían a hacer surgir las intenciones primordiales cuya realización sería más halagadora aún para su orgullo y para su poder?

---

[7] Sade emplea el término *bougres* que Voltaire explica en el *Dictionnaire philosophique:* «Búlgaros: Ya que en el *Dictionnaire enciclopédique* se ha hablado de búlgaros, quizá guste saber a ciertos lectores quiénes eran estas extrañas gentes, que parecieron tan malvadas que se las trató de heréticas, y cuyo nombre se dio luego en Francia a los inconformistas, que no tienen con las damas toda la atención que les deben; de suerte que hoy se llama a estos señores *Boulgares,* suprimiendo la *l* y la *a.* » La palabra castellana *bujarrón* tiene esa misma etimología: el bajo latín *bulgarus,* empleado como insulto por tratarse de herejes pertenecientes a la Iglesia ortodoxa griega. En castellano aparece en 1526, con su significado actual de «sodomita», por conducto de otra lengua romance, probablemente el francés anticuado *bougeron* (s. xv). [Nota del T.]

SRA. DE SAINT-ANGE: ¿Sabéis, Dolmancé, que mediante este sistema llegáis a probar incluso que la extinción total de la raza humana sólo sería un servicio hecho a la naturaleza?

DOLMANCÉ: ¿Quién lo duda, señora?

SRA. DE SAINT-ANGE: ¡Oh, santo cielo! Las guerras, las pestes, las hambres, los asesinatos, ¿no serían más que accidentes necesarios a las leyes de la naturaleza, y el hombre, agente o paciente de tales efectos, no sería por tanto más criminal en un caso de lo que sería víctima en el otro?

DOLMANCÉ: Víctima lo es, sin duda cuando se doblega bajo los golpes de la desgracia; pero criminal, nunca. Ya volveremos sobre todas estas cosas; mientras tanto, analicemos para la bella Eugenia el goce sodomita que constituye ahora el objeto de nuestra conversación. La postura más usada para la mujer, en este goce, es acostarse boca abajo, en el borde de la cama, con las nalgas bien separadas, la cabeza lo más bajo posible. El lascivo, tras haber disfrutado un instante con la perspectiva del bello culo que se le ofrece, tras haberlo palmoteado, palpado, a veces incluso latigado, pellizcado y mordido, humedece con su boca el lindo ojete que va a perforar, y prepara la introducción con la punta de su lengua; moja asimismo su aparato con saliva o con pomada y lo presenta suavemente al agujero que va a horadar; con una mano lo lleva, con la otra separa las nalgas de su goce; cuando siente su miembro penetrar, es preciso que empuje con ardor, teniendo mucho cuidado de no perder terreno; a veces la mujer sufre entonces, si es nueva y joven; pero sin miramiento alguno para con los dolores que pronto van a convertirse en placeres, el jodedor debe empujar con vivacidad su polla gradualmente, hasta que por fin haya alcanzado la meta, es decir, hasta que el pelo de su aparato frote exactamente los bordes del ano del objeto al que encula. Que prosiga entonces su camino con rapidez: todas las espinas están ya cogidas; sólo quedan las rosas. Para acabar de metamorfosear en placer los restos de dolor que su objeto aún experimenta, si es un joven muchacho que le coja la polla y se la menee; que acaricie el clítoris si es una muchacha; las .titilaciones del placer que provoca cuando encoge prodigiosamente el ano de la paciente, redoblarán los placeres del agente que, colmado de gusto y de voluptuosidad, disparará pronto al fondo del culo de su goce un esperma tan abundante como espeso, que habrán provocado tan lúbricos detalles. Hay otros que no quieren que la paciente goce: es lo que explicaremos en seguida.

SRA. DE SAINT-ANGE: Permitid un momento que sea alumna a mi vez y que os pregunte, Dolmancé, en qué estado debe encontrarse, para complemento de los placeres del agente, el culo del paciente.

DOLMANCÉ: Lleno, por supuesto; es esencial que el objeto que sirve tenga entonces las mayores ganas de cagar, a fin de que la punta de la polla del jodedor, al alcanzar el mojón, se hunda en él y deposite más cálida y blandamente la leche que lo irrita y enardece.

SRA. DE SAINT-ANGE: Me temo que el paciente ha de conseguir así menos placer.

DOLMANCÉ: ¡Error! Ese goce es tal que resulta imposible que algo lo perjudique y que el objeto que lo sirve no se vea transportado al séptimo cielo al gozarlo. Ninguno vale tanto, ninguno puede satisfacer de este modo tan completo a los dos individuos que se le entregan, y es difícil que quienes lo hayan gustado vuelvan a probar otra cosa. Ésas son, Eugenia, las mejores formas de saborear el placer con un hombre sin correr los riesgos del embarazo; porque, estad bien segura de ello, se goza no sólo ofreciendo el culo a un hombre del modo que acabo de explicaros, sino también chupándolo, magreándolo, etc., y he conocido mujeres libertinas que ponían con frecuencia mayores encantos en estos episodios que en los goces reales. La imaginación es el aguijón de los placeres; en los de esta especie, lo regula todo, es el móvil de todo; ahora bien, ¿no se goza por ella? ¿No es de ella de la que proceden las voluptuosidades más excitantes?

SRA. DE SAINT-ANGE: De acuerdo, pero Eugenia debe tener cuidado; la imaginación sólo nos sirve cuando nuestro espíritu se halla totalmente liberado de prejuicios: uno solo basta para enfriarla. Esta caprichosa porción de nuestro espíritu es de un libertinaje que nada puede contener; su mayor triunfo, sus delicias más eminentes, consisten en romper todos los frenos que se le oponen; es enemiga de la regla, idólatra del desorden y de todo lo que lleva los colores del crimen; de ahí procede la singular respuesta que dio una mujer imaginativa que jodía fríamente con su marido:

-¿Por qué tanto hielo?, le decía éste.

-¡Vaya! Pues la verdad, le respondió aquella singular criatura, es *que lo que me hacéis es completamente tonto.*

EUGENIA: Me gusta hasta la locura esa respuesta... ¡Ay, querida, qué disposiciones siento en mí para conocer esos divinos impulsos de una imaginación desordenada! No imaginas, desde que estamos juntas..., sólo desde ese instante, no, no querida, no puedes figurarte todas las ideas voluptuosas que ha acariciado mi espíritu... ¡Ay, cómo comprendo ahora el mal!... ¡Cuánto lo desea mi corazón!

SRA. DE SAINT-ANGE: Que las atrocidades, los horrores, los crímenes más odiosos no te asombren ya, Eugenia: lo más sucio, lo más infame y lo más prohibido es lo que mejor excita la cabeza..., es siempre lo que nos hace descargar con mayores delicias.

EUGENIA: ¡A cuántos extravíos increíbles no habréis debido de entregaros uno y otra! ¡Cuánto me gustaría conocer los detalles!

DOLMANCÉ, *besando y palpando a la joven:* Bella Eugenia, antes preferiría cien veces veros experimentar cuanto yo quisiera hacer que contaros lo que he hecho.

EUGENIA: No sé si sería demasiado para mí prestarme a todo.

SRA. DE SAINT-ANGE: Yo no te lo aconsejaría, Eugenia.

EUGENIA: Bueno, le perdono a Dolmancé sus detalles; pero tú, mi buena amiga, dime, te lo ruego, qué es lo más extraordinario que has hecho en tu vida.

SRA. DE SAINT-ANGE: Me las he entendido yo sola con quince hombres: he sido jodida noventa veces en veinticuatro horas, tanto por delante como por detrás.

EUGENIA: Eso no son más que desenfrenos, proezas: apuesto a que has hecho cosas más singulares.

SRA. DE SAINT-ANGE: He estado en el burdel.

EUGENIA: ¿Qué quiere decir esa palabra?

DOLMANCÉ: Se llama así a las casas públicas donde, por un precio convenido, cualquier hombre encuentra jóvenes y hermosas muchachas dispuestas a satisfacer sus pasiones.

EUGENIA: ¿Y tú te has entregado allí, querida?

SRA. DE SAINT-ANGE: Sí, he estado allí de puta, he satisfecho durante una semana entera las fantasías de muchos viciosos, y he visto gustos muy singulares; por un principio igual de libertinaje, como la célebre emperatriz Teodora, mujer de Justiniano[8], los atrapé en las esquinas de las calles..., en los paseos públicos, y me jugué a la lotería el dinero ganado en esas prostituciones.

EUGENIA: Querida, conozco tu cabeza, has ido mucho más lejos todavía.

SRA. DE SAINT-ANGE: ¿Es eso posible?

EUGENIA: ¡Oh! Sí, sí, y mira cómo lo imagino: ¿no me has dicho que las sensaciones morales más deliciosas nos venían de la imaginación?

SRA. DE SAINTANGE: Sí lo he dicho.

EUGENIA: Pues bien, dejando errar esa imaginación, dándole libertad para franquear los últimos límites que querrían prescribirle la religión, la decencia, la humanidad, la virtud, en fin, todos nuestros presuntos deberes, ¿no es cierto que sus extravíos serían prodigiosos?

SRA. DE SAINT-ANGE: Indudablemente.

EUGENIA: Ahora bien, ¿no ha de excitaros más gracias a la inmensidad de sus extravíos?

SRA. DE SAINT ANGE: Nada más cierto.

EUGENIA: Si esto es así, cuanto más agitadas queramos estar, más desearemos conmovernos con violencia, más rienda suelta habrá que dar a nuestra imaginación en las cosas más inconcebibles; nuestro goce mejorará entonces en razón del camino que haya hecho la cabeza, y...

DOLMANCÉ, *besando a Eugenia:* ¡Deliciosa!

SRA. DE SAINT-ANGE: ¡Qué progresos ha hecho la bribona en tan poco tiempo! Pero ¿sabes, encanto, que se puede ir lejos por el camino que nos trazas?

EUGENIA: Así lo entiendo, y puesto que no me impongo ningún freno, ya ves adónde sospecho que se puede llegar.

SRA. DE SAINT-ANGE: A los crímenes, malvada, a los crímenes más negros y más horribles.

EUGENIA, *en voz baja y entrecortada:* Pero tú dices que no existen... y además, sólo es para calentarse la cabeza: no se hace nada.

DOLMANCÉ: ¡Es, sin embargo, tan dulce hacer lo que uno ha imaginado!

EUGENIA, *ruborizándose:* Pues bien, se hace... No pretenderéis convencerme, queridos preceptores, de que jamás habéis hecho lo que habéis imaginado...

SRA. DE SAINT-ANGE: A veces lo he hecho.

EUGENIA: ¡Ya llegamos!

DOLMANCÉ: ¡Qué cabeza!

EUGENIA, *prosiguiendo:* Lo que te pido es lo que has imaginado, y lo que has hecho tras haberlo imaginado.

SRA. DE SAINT-ANDE, *balbuceando:* Eugenia, algún día te contaré mi vida. Prosigamos nuestra instrucción..., porque me harías decir unas cosas...

EUGENIA: Vamos, ya veo que no me amas lo bastante para abrirme hasta ese punto tu alma; esperaré el plazo que me impones; prosigamos con nuestros detalles. Dime, querida, ¿quién fue el primer mortal al que hiciste dueño de tus primicias?

SRA. DE SAINT ANGE: Mi hermano: me adoraba desde la infancia; desde nuestros años más tempranos nos habíamos divertido con frecuencia sin llegar al final; le había

---

[8] Véanselas anécdotas de Procopio.

[Fue Procopio un historiador de Justiniano y secretario de Belisario (siglo VI), que dejó unas *Anécdotas, o Historia secreta,* traducidas del griego al latín en 1607 por primera vez. En ellas figuran las aventuras amorosas de Teodora, que tuvo una juventud tormentosa como actriz antes de casarse con el emperador]. [Nota del T]

prometido entregarme a él cuando estuviera casada; mantuve mi palabra; felizmente, mi marido no había estropeado nada y él cogió todo. Seguimos dedicándonos a esta intriga, pero sin molestarnos el uno al otro; no por ella dejamos de sumergirnos menos, cada uno por nuestro lado, en los excesos más divinos del libertinaje; incluso nos ayudamos mutuamente: yo le procuro mujeres, y él me hace conocer hombres.

EUGENIA: ¡Delicioso apaño! Pero ¿no es el incesto un crimen?

DOLMANCÉ: ¿Podría considerarse así a las uniones más dulces de la naturaleza, a aquella que ésta nos prescribe y nos aconseja como la mejor? Razonad un momento, Eugenia: ¿cómo pudo la naturaleza humana, tras las grandes catástrofes que experimentó nuestro globo, reproducirse si no por el incesto? ¿No tenemos el ejemplo, y la prueba incluso, en los libros respetados por el cristianismo? Las familias de Adán y de Noé[9], ¿pudieron perpetuarse de otro modo que por este medio? Hojead y compulsad las costumbres del universo: por doquiera veréis el incesto autorizado, mirado como ley sabia y hecha para cimentar los lazos de la familia. Si el amor, en una palabra, nace del parecido, ¿dónde puede haberlo más perfecto que entre hermano y hermana, que entre padre e hija? Una política mal entendida, causada por el temor a permitir que ciertas familias se volvieran demasiado poderosas, prohibió el incesto en nuestras costumbres; pero no abusemos hasta el punto de tomar por ley de la naturaleza lo que no ha sido dictado más que por el interés y por ambición; sondeemos nuestros corazones: a ellos remito siempre a nuestros pedantes moralistas; interroguemos a ese órgano sagrado, y reconoceremos que no hay nada más delicado que la unión carnal de las familias; cesemos de cegarnos sobre los sentimientos de un hermano por su hermana, de un padre por su hija. En vano uno y otro los disfrazan bajo el velo de una legítima ternura: el amor más violento es el único sentimiento que los inflama, el único que la naturaleza ha puesto en sus corazones. Doblemos, tripliquemos, por tanto, sin temer nada, esos deliciosos incestos, y estemos seguros de que, cuanto más cercano nos sea el objeto de nuestros deseos, más encantos tendremos para gozar.

Uno de mis amigos vive habitualmente con la hija que ha tenido de su propia madre; no hace ocho días desfloró a un muchacho de trece años, fruto de un comercio carnal con esa hija; dentro de algunos años, ese mismo joven se casará con su madre; son los deseos de mi amigo; reserva una suerte análoga a estos proyectos, y sus intenciones, según sé, son gozar también de los frutos que nacerán de ese himeneo; es joven y puede esperar. Ved, tierna Eugenia, con qué cantidad de incestos y de crímenes se habría mancillado este honrado amigo si hubiera algo de verdad en el prejuicio que nos hace admitir el mal en estas relaciones. En resumen, en todo esto parto siempre de un principio: si la naturaleza prohibiese los goces sodomitas, los goces incestuosos, las masturbaciones, etcétera, ¿permitiría que encontráramos en ellos tanto placer? Es imposible que pueda tolerar lo que realmente la ultraja.

EUGENIA: ¡Oh! Comprendo claramente, divinos preceptores míos, que según vuestros principios hay pocos crímenes sobre la tierra, y que podemos entregarnos en paz a todos nuestros deseos, por singulares que puedan parecer a los tontos que, ofendiéndose y alarmándose por todo, toman imbécilmente las instituciones sociales por leyes divinas de la naturaleza. Pero, sin embargo, amigos míos, ¿no admitís al menos

---

[9] Adán no fue, como Noé, sino un restaurador del género humano. Un horrible cataclismo dejó a Adán sólo sobre la tierra, igual que dejó a Noé un acontecimiento semejante; pero la tradición de Adán se perdió, y la de Noé se conservó.

que existan ciertas acciones absolutamente escandalosas y decididamente criminales, aunque estén dictadas por la naturaleza? Estoy de acuerdo con vosotros en que esta naturaleza, tan singular en las producciones que ha creado como variada en las inclinaciones que nos da, nos lleva con frecuencia a hechos crueles; pero si, entregados a estas depravaciones, cediésemos a las inspiraciones de esa extravagante naturaleza hasta el punto de atentar, es una suposición, contra la vida de nuestros semejantes, me concederéis, eso espero al menos, que tal acción sería un crimen.

DOLMANCÉ: Eugenia, ni con mucho podemos concederos tal cosa. Siendo la destrucción una de las primeras leyes de la naturaleza, nada de lo que destruye podría ser un crimen. ¿Cómo podría ultrajarla una acción que sirve tan bien a la naturaleza? Esa destrucción, de la que el hombre se vanagloria, no es por otra parte sino una quimera; el asesinato no es una destrucción, quien lo comete no hace más que variar las formas; da a la naturaleza los elementos de que ésta, con su hábil mano, se sirve para recompensar al punto a otros seres; y como las creaciones no pueden ser más que goce para quien se entrega a ellas, el asesino le prepara, por tanto, uno a la naturaleza; le proporciona materiales que ella utiliza inmediatamente, y la acción que los tontos locamente censuran no es más que un mérito a los ojos de este agente universal. Es a nuestro orgullo al que se le ocurre erigir el asesinato en crimen. Estimándonos las primeras criaturas del universo, hemos imaginado tontamente que toda lesión que sufra esta sublime criatura debería ser por necesidad un crimen enorme; hemos creído que la naturaleza perecería si nuestra maravillosa especie llegara a aniquilarse en este globo, mientras que la total destrucción de la especie, devolviendo a la naturaleza la facultad creadora que ella nos cede, le daría de nuevo una energía de la que nosotros la privamos al propagarnos; ¡pero qué inconsecuencia, Eugenia! ¡Pues qué! Un soberano ambicioso podrá destruir a su capricho y sin el menor escrúpulo a los enemigos que obstaculizan sus proyectos de grandeza; leyes crueles, arbitrarias, imperiosas, podrán incluso asesinar cada siglo millones de individuos... y nosotros, débiles y desgraciadas criaturas, ¿no podremos sacrificar un solo ser a nuestras venganzas o a nuestros caprichos? ¿Hay algo tan bárbaro, tan ridículamente extraño? ¿Y no debemos nosotros, bajo el velo del más profundo misterio, vengarnos ampliamente de semejante inepcia[10]?

EUGENIA: Desde luego... ¡Oh! ¡Cuán seductora es vuestra moral, y cómo me gusta!... Pero, decidme en conciencia, Dolmancé, ¿nunca os habéis satisfecho en ese punto?

DOLMANCÉ: No me forcéis a revelaros mis faltas: su número y su especie me obligarían a ruborizarme demasiado. Quizás un día os las confiese.

SRA. DE SAINT-ANGE: Dirigiendo la espada de las leyes, el malvado se ha servido muchas veces de ella para satisfacer sus pasiones.

DOLMANCÉ: ¡Ojalá no tuviera otros reproches que hacerme!

SRA. DE SAINT-ANDE, *saltando a su cuello:* ¡Hombre divino!... ¡Os adoro!... ¡Qué espíritu y qué valor hay que tener para haber gustado como vos todos los placeres! Sólo al hombre de genio le está reservado el honor de romper todos los frenos de la ignorancia y de la estupidez. ¡Besadme, sois encantador!

DOLMANCÉ: Sed franca, Eugenia, ¿no habéis deseado nunca la muerte a nadie?

_____

[10] Por hallarse tratado extensamente este artículo más adelante, nos contentamos con sentar aquí algunas bases del sistema que pronto desarrollaremos.

EUGENIA: ¡Oh!, sí, sí, y ante mis ojos he tenido cada día una abominable criatura a la que desde hace mucho tiempo quisiera ver en la tumba.

SRA. DE SAINT-ANEE: Apuesto a que adivino quién es.

EUGENIA: ¿De quién sospechas?

SRA. DE SAINT-ANGE: De tu madre.

EUGENIA: ¡Ah! ¡Deja que oculte mi rubor en tu seno!

DOLMANCÉ: ¡Voluptuosa criatura! ¡Quiero a mi vez abrumarte a caricias que han de ser el premio a la energía de tu corazón y de tu deliciosa cabeza. *(Dolmancé la besa en todo el cuerpo, y le da ligeras palmadas en las nalgas; se le pone tiesa; la Sra. de Saint Ange empuña y menea su polla; las manos de Dolmancé se pierden también de vez en cuando por el trasero de la Sra. de Saint Ange, que se lo presta con lubricidad; algo repuesto, Dolmancé continúa.)* Pero, ¿por qué no habríamos de poner en práctica esa idea sublime?

SRA. DE SAINT-ANGE: Eugenia, yo detesté a mi madre tanto como tú odias a la tuya, y no dudé. EUGENIA: Me han faltado medios.

SRA. DE SAINT-ANGE: Di mejor el valor.

EUGENIA: ¡Ay! ¡Tan joven todavía!

DOLMANCÉ: Pero ahora, Eugenia, ¿ahora qué haríais?

EUGENIA: Todo... ¡Que me den los medios... y entonces se verá!

DOLMANCÉ: Los tendréis, Eugenia, os lo prometo; pero pongo una condición.

EUGENIA: ¿Cuál? O mejor, ¿cuál es la que no estoy dispuesta a aceptar?

DOLMANCÉ: Ven, perversa, ven a mis brazos; no puedo aguantar más; es preciso que tu encantador trasero sea el precio del don que te prometo, es preciso que un crimen pague el otro. ¡Ven!... ¡O mejor, venid ambas a apagar con oleadas de leche el fuego divino que nos inflama!

SRA. DE SAINT-ANGE: Pongamos, si os place, un poco de orden en estas orgías: es preciso hacerlo hasta en el seno del delirio y de la infamia.

DOLMANCÉ: Nada más sencillo: el objetivo principal, en mi opinión, es que yo me corra dando a esta encantadora muchachita el mayor placer que pueda. Voy a meterle mi polla en el culo mientras, doblada en vuestros brazos, la magreáis como mejor sepáis; en la postura en que os coloco, ella podrá devolvéroslo: os besaréis la una a la otra. Y tras algunas correrías en el culo de esta criatura, variaremos el cuadro. Yo os encularé, señora; Eugenia, encima de vos, con vuestra cabeza entre sus piernas, me dará a chupar su clítoris: de este modo le haré perder leche por segunda vez. Luego, yo me volveré a colocar en su ano; vos me ofreceréis vuestro culo en lugar del coño que ella me ofrecía, es decir, que pondréis, como ella acabará de hacerlo, su cabeza entre vuestras piernas; yo chuparé el ojete de vuestro culo de la misma forma que habré chupado el coño; vos descargaréis, yo haré otro tanto mientras mi mano, abrazando el lindo cuerpecito de esta encantadora novicia, irá a cosquillearle el clítoris para hacerla correrse también.

SRA. DE SAINT-ANGE: Bien, mi querido Dolmancé, pero os faltará algo.

DOLMANCÉ: ¿Una polla en el culo? Tenéis razón, señora.

SRA. DE SAINT-ANGE: Dejémoslo por esta mañana; la tendremos por la tarde: mi hermano vendrá a ayudarnos, y nuestros placeres quedarán colmados. Pongamos manos a la obra.

DOLMANCÉ: Quisiera que Eugenia me la menease un momento. *(Ella lo hace.)* Sí, así es..., un poco más rápido, amor mío..., mantened siempre bien desnuda esa cabeza bermeja, no la recubráis nunca... Cuanto más tenso pongáis el frenillo, mejor es la erección... nunca hay que cubrir la polla que se está meneando... ¡Bien!... De este modo, vos misma preparáis el estado del miembro que va a perforaros... ¿Veis cómo se decide?... ¡Dadme vuestra lengua, bribonzuela!... ¡Que vuestras nalgas se posen sobre mi mano derecha, mientras mi mano izquierda os cosquillea el clítoris!

SRA. DE SAINT ANGE: Eugenia, ¿quieres hacerle gustar el mayor de los placeres?

EUGENIA: Por supuesto..., quiero hacer cualquier cosa para procurárselo.

SRA. DE SAINT ANGE: Pues bien, métete su polla en la boca y chúpala unos instantes.

EUGENIA *lo hace.* ¿Es así?

DOLMANCÉ: ¡Ah, qué boca tan deliciosa! ¡Qué calor!... ¡Vale para mí tanto como el más hermoso de los culos!... Mujeres voluptuosas y hábiles, no neguéis nunca este placer a vuestros amantes; los encadenará a vosotras para siempre... ¡Ah, santo Dios, rediós!...

SRA. DE SAINT-ANGE: ¡Cómo blasfemas, amigo mío!

DOLMANCÉ: Dadme vuestro culo, señora... Sí, dádmelo que lo bese mientras me chupan, y no os asombréis de mis blasfemias: uno de mis mayores placeres es jurar cuando estoy empalmado. Me parece que mi espíritu, mil veces más exaltado entonces, aborrece y desprecia mucho mejor esa repugnante quimera; quisiera encontrar una forma de denostarlo o de ultrajarlo más; y cuando mis malditas reflexiones me llevan a la convicción de la nulidad de ese repugnante objeto de mi odio, me excito, y querría poder reconstruir al punto el fantasma para que mi rabia se dirigiera al menos contra algo. Imitadme, mujer encantadora, y veréis cómo tales palabras acrecientan de modo infalible vuestros sentidos. Pero ¡rediós!... veo que, por más placer que sienta, debo retirarme inmediatamente de esa boca divina, ¡dejaré ahí mi leche!... Vamos, Eugenia, colocaos; ejecutemos el cuadro que he trazado, y sumerjámonos los tres en la ebriedad más voluptuosa. *(Adoptan la postura.)*

EUGENIA: ¡Cuánto temo, querido, la impotencia de vuestros esfuerzos! La desproporción es demasiado grande.

DOLMANCÉ: Sodomizo todos los días a gente más joven; ayer incluso, un niño de siete años fue desflorado por esta polla en menos de tres minutos... ¡Valor, Eugenia, valor!...

EUGENIA: ¡Ay! ¡Me desgarráis!

SRA. DE SAINT-ANGE: ¡Tened cuidado, Dolmancé; pensad que yo respondo de ella!

DOLMANCÉ: Magreadla bien, señora, sentirá menos el dolor; además, ya está todo dicho: la he metido hasta el pelo.

EUGENIA: ¡Oh, cielos! No ha sido sin esfuerzo... Mira el sudor que cubre mi frente, querida... ¡Ay! ¡Dios! ¡Jamás experimenté dolores tan vivos!...

SRA. DE SAINT-ANGE: Ya estás desflorada a medias, ya has ingresado en el rango de las mujeres; bien puede comprarse esa gloria a cambio de un poco de dolor; además, ¿no te alivian un poco mis dedos?

EUGENIA: ¿Podría resistir sin ellos? Hazme cosquillas, ángel mío... Siento que imperceptiblemente el dolor se metamorfosea en placer... ¡Empujad!... ¡Empujad!... ¡Dolmancé..., me muero!...

DOLMANCÉ: ¡Ay! ¡Santo Dios! ¡Rediós! ¡Recontradiós! Cambiemos, o no aguantaré más... Vuestro trasero, señora, por favor, y colocaos inmediatamente como os he dicho. *(Se colocan, y Dolmancé continúa.)* Aquí me cuesta menos... ¡Cómo entra mi polla!... Pero este bello culo no es menos delicioso, señora.

EUGENIA: ¿Estoy bien así, Dolmancé?

DOLMANCÉ: ¡De maravilla! Este lindo coñito ¡ r—e n se ofrece deliciosamente a mí. Soy un culpable, un infractor, lo sé; estos atractivos no están hechos para mis ojos; pero el deseo de dar a esta niña las primeras lecciones de la voluptuosidad es mayor que cualquier otra consideración. Quiero hacer correr su leche..., quiero agotarla si es posible... *(la lame.)*

EUGENIA: ¡Ay! ¡Me hacéis morir de placer, no puedo resistirlo!...

SRA. DE SAINT-ANGE: ¡Ya me voy! ¡Ay! ¡Jode!... ¡Jode!... ¡Dolmancé, me corro!...

EUGENIA: ¡Yo hago lo mismo, querida! ¡Ay, Dios mío, cómo me chupa!...

SRA. DE SAINTANGE: ¡Jura entonces, putilla, jura!...

EUGENIA: Bien, ¡rediós! ¡Descargo!... ¡Estoy en la más dulce de las embriagueces!...

DOLMANCÉ: ¡A tu sitio!... ¡A tu sitio, Eugenia!... Seré víctima de todos estos cambios de mano. *(Eugenia se coloca.)* ¡Ah, bien! Ya estoy en mi primera guarida..., mostradme el agujero de vuestro culo, quiero lamerlo a mi gusto... ¡Cuánto me gusta besar un culo que acabo de joder!... ¡Ay! Dejadme que os lo chupe bien mientras lanzo mi esperma al fondo del coño de vuestra amiga... ¿Podríais creerlo, señora? Esta vez ha entrado sin esfuerzo... ¡Ay! ¡Joder, joder! No imagináis cómo lo aprieta, cómo lo comprime... ¡Jodido santo dios, qué placer siento!... ¡Ay, ya está, no aguanto más..., mi leche corre... y me muero!...

EUGENIA: También él me hace morir a mí, querida, te lo juro...

SRA. DE SAINTANGE: ¡La muy bribona! ¡Qué pronto se acostumbrará!

DOLMANCÉ: Conozco una infinidad de jovencitas de su edad a las que nada en el mundo podría convencer para gozar de otro modo; sólo cuesta la primera vez; una mujer sólo tiene que probar de esta manera para que no quiera hacer otra cosa... ¡Oh, cielos! Estoy agotado; dejadme que recupere el aliento al menos un instante.

SRA. DE SAINT-ANGE: Así son los hombres, querida, apenas nos miran cuando sus deseos quedan satisfechos; este aniquilamiento los lleva a la desgana, y la desgana pronto al desprecio.

DOLMANCÉ, *fríamente:* ¡Ah, qué injuria, divina belleza! *(Abraza a ambas.)* Sólo estáis hechas para los homenajes, cualquiera que sea el estado en que uno se encuentre.

SRA. DE SAINT-ANGE: Pero consuélate, Eugenia mía: si adquieren el derecho a despreocuparse de nosotras porque están satisfechos, también nosotras tenemos el de despreciarlos cuando su proceder nos fuerza a ello. Si Tiberio sacrificaba a Caprea los objetos que acababan de servir a sus pasiones[11], también Zingua, reina de África, inmolaba a sus amantes[12].

---

[11] Véanse Suetonio y Dión Casio de Nicea.

[12] Véase la *Histoire de Zingua, reine d'Angola.*
[Zingua, reine d'Angola, histoire africaine, París, 1769, fue escrita por Jean-Louis Castilhon, aunque por error Sade atribuya el libro a un «misionero», que es lo que hace el propio autor en el prólogo, donde cita como fuentes a los misioneros portugueses y en especial al capuchino Antonio de Gaeta.] [Nota del T.]

DOLMANCÉ: Estos excesos, perfectamente sencillos y de sobra conocidos por mí, desde luego, nunca deben realizarse, sin embargo, entre nosotros. «Jamás entre sí se comen los lobos», dice el proverbio, y por trivial que sea es exacto. No temáis nada de mí, amigas mías: quizá pudiera haceros mucho mal, pero nunca os lo haré.

EUGENIA: ¡Oh! No, no, querida, me atrevo a responder de ello: Dolmancé nunca abusará de los derechos que sobre nosotras le demos; creo que tiene la probidad de los viciosos: es la mejor; pero volvamos a nuestro preceptor a sus principios y retornemos, os lo suplico, al gran designio que nos inflamaba antes de que nos excitásemos.

SRA. DE SAINT-ANGE: ¡Cómo! ¡Bribona, todavía piensas en ello! Había creído que la historia nacía sólo de la efervescencia de tu cabeza.

EUGENIA: Es el impulso más nítido de mi corazón, y no quedaré contenta hasta la consumación de ese crimen.

SRA. DE SAINT-ANGE: ¡Oh! Bueno, bueno, perdónala; piensa que es tu madre.

EUGENIA: ¡Bonito título!

DOLMANCÉ: Tienes razón: esa madre ¿ha pensado en Eugenia al traerla al mundo? La muy tunanta se dejaba follar porque sentía placer, pero estaba muy lejos de pensar en esta hija. Que actúe como quiera a ese respecto; dejémosla en total libertad y contentémonos con asegurarle que, sea el exceso que fuere al que llegue en este caso, jamás se hará culpable de ningún mal.

EUGENIA: La aborrezco, la detesto, mil razones legitiman mi odio; es preciso que obtenga su vida al precio que sea.

DOLMANCÉ: Pues bien, puesto que tus resoluciones son inquebrantables, quedarás satisfecha, Eugenia, te lo juro; pero permíteme algunos consejos que, antes de actuar, se convierten en lo más necesario para ti. Que jamás se te escape tu secreto, y, sobre todo, actúa sola: nada tan peligroso como los cómplices; desconfiemos siempre de aquellos mismos que creemos que nos son los más adictos. *Nunca*, decía Maquiavelo, *hay que tener cómplices, o hay que deshacerse de ellos en cuanto nos han servido*. Y esto no es todo: resulta indispensable, Eugenia, fingir para los proyectos que maquinas. Acércate más que nunca a tu víctima antes de inmolarla; finge agradarla o consolarla; mímala, comparte sus penas, júrale que la adoras; haz más aún, convéncela: en tales casos, nunca podrá llevarse demasiado lejos la falsedad. Nerón acariciaba a Agripina en la barca misma que debía engullirla[13]: imita este ejemplo, usa toda la trapacería, todas las imposturas que pueda sugerirte tu espíritu. Si la mentira es siempre necesaria a las mujeres, cuando quieren engañar es cuando se vuelve más indispensable.

EUGENIA: Estas lecciones serán retenidas y puestas en práctica sin duda; pero profundicemos, por favor, en esa falsedad que aconsejáis usar a las mujeres; ¿consideráis absolutamente esencial en el mundo tal manera de ser?

DOLMANCÉ: Indudablemente no conozco otra más necesaria en la vida; una verdad cierta va a probaros su indispensabilidad; todo el mundo la emplea; tras esto, yo os pregunto: ¿cómo no ha de fracasar siempre un individuo sincero en medió de una sociedad de gentes falsas? Ahora bien, si es verdad, como pretenden, que las virtudes son de alguna utilidad en la vida civil, ¿cómo queréis que aquel a quien ni la voluntad, ni el poder, ni el don de ninguna virtud, cosa que le ocurre a muchas personas, cómo queréis, repito, que tal ser no esté esencialmente obligado a fingir para obtener a su vez un poco

---

[13] Suetonio, *Nerón*, XXXIV. [Nota del T]

de la porción de felicidad que sus competidores le arrebatan? Y, en la práctica, ¿no es desde luego la virtud, o su apariencia, lo que se vuelve realmente necesario al hombre social[14]? No dudemos que la apariencia sola le basta: poseyéndola, tiene todo lo necesario. Puesto que en sociedad los hombres no hacen más que rozarse, ¿no ha de bastarles con mostrarnos la corteza? Convenzámonos, además, de que la práctica de las virtudes apenas es útil a quien la posee: los demás sacan tan poco de ella que, con tal que quien haya de vivir con nosotros parezca virtuoso, nos da igual que lo sea en realidad o no. Por otra parte, la falsedad es casi siempre un medio seguro de triunfar: quien la posee adquiere necesariamente una especie de prioridad sobre quien comercia o tiene tratos con él: deslumbrándole con falsas apariencias, lo convence: desde ese momento triunfa. Si me doy cuenta de que me han engañado, sólo me culpo a mí, y mi engañador triunfará, sobre todo, porque yo, por orgullo, no habré de quejarme; su ascendiente sobre mí será siempre notable; tendrá razón cuando yo esté equivocado; progresará, mientras que yo no seré nada; él se enriquecerá mientras que yo me arruinaré; siempre, en fin, por encima de mí, cautivará pronto a la opinión pública; una vez logrado, por más que lo inculpe, ni siquiera me escucharán. Entreguémonos por tanto audazmente y sin cesar a la más insigne falsedad; mirémosla como la llave de todas las gracias, de todos los favores, de todas las reputaciones, de todas las riquezas, y calmemos cumplidamente el pequeño pesar de haber cometido engaños con el excitante placer de ser bribones.

SRA. DE SAINT-ANGE: Pienso que esto es infinitamente más de lo que requiere esta materia. Una vez convencida, Eugenia debe estar tranquila y animada: que actúe cuando quiera. Pienso que es preciso seguir ahora nuestras disertaciones sobre los diferentes caprichos de los hombres en el libertinaje; este campo ha de ser vasto, recorrámoslo; acabamos de iniciar a nuestra alumna en algunos misterios de la práctica, no descuidemos la teoría.

DOLMANCÉ: Los detalles libertinos de las pasiones del hombre son, señora, poco susceptibles de motivos de instrucción para una joven que, como Eugenia sobre todo, no está destinada al oficio de mujer pública; se casará y, en tal hipótesis, apuesto diez contra uno a que su marido no tendrá estos gustos; si así fuera, no obstante, su conducta es fácil: mucha dulzura y complacencia con él por un lado; por otro, mucha falsedad y compensaciones secretas: estas pocas palabras lo encierran todo. Si, no obstante, vuestra Eugenia desea algunos análisis de los gustos del libertinaje, para examinarlos más someramente, los reduciremos a tres: la sodomía, las fantasías sacrílegas y los gustos crueles. La primera pasión es hoy universal. Sumemos algunas reflexiones a lo que ya hemos dicho. Se divide en dos clases: la activa y la pasiva: el hombre que encula, bien a un muchacho, bien a una mujer, comete sodomía activa; es sodomita pasivo cuando se hace joder. Con frecuencia se ha puesto en tela de juicio cuál de estas dos formas de cometer sodomía era más voluptuosa: con toda seguridad lo es la pasiva, puesto que se goza a la vez de la sensación de delante y de la de atrás; es tan dulce cambiar de sexo, tan delicioso imitar a la puta,, entregarse a un hombre que nos trata como a una mujer, llamar a ese hombre amante, confesarse su querida. ¡Ay, amigas mías, qué voluptuosidad! Pero, Eugenia, limitémonos aquí a algunos consejos de detalle, sólo relativos a las mujeres que, metamorfoseándose en hombres, quieren gozar, siguiendo nuestro ejemplo, de este delicioso placer. Acabo de familiarizaros con

[14] Rousseau: *Sobre el origen y los fundamentos de la desigualdad entre los hombres*: «Ser y parecer llegaron a ser dos cosas totalmente diferentes.» [Nota del T.]

esos ataques, Eugenia, y he visto suficiente para estar convencido de que, algún día, haréis progresos en esta carrera. Os exhorto a recorrerla como una de las más deliciosas de la isla de Citerea, perfectamente convencido de que cumpliréis el consejo. Voy a limitarme a dos o tres avisos esenciales para cualquier persona decidida a conocer sólo este género de placeres, o los que le son análogos. En primer lugar, debéis haceros masturbar siempre el clítoris cuando os sodomicen: nada casa mejor que esos dos placeres; evitad el bidé o el roce de telas cuando acabáis de ser jodida de esa forma: conviene que la brecha esté siempre abierta: de ello se derivan deseos y titilaciones que pronto apagan los cuidados de la limpieza; no se tiene idea de hasta qué punto se prolongan las sensaciones. Así, cuando estéis en trance de gozar de esa manera, Eugenia, evitad los ácidos: inflaman las hemorroides y vuelven las introducciones dolorosas; oponeos a que varios hombres os descarguen sucesivamente en el culo: esa mezcla de esperma, aunque voluptuosa para la imaginación, es con frecuencia peligrosa para la salud; echad siempre fuera las distintas emisiones a medida que se produzcan.

EUGENIA: Pero ¿no sería un crimen si fueran hechas por delante?

SRA. DE SAINT-ANGE: No imagines, pobre loca, que hay el menor mal en prestarse, de la manera que sea, a desviar del principal camino la semilla del hombre, porque la propagación no es en modo alguno el objetivo de la naturaleza: sólo es una tolerancia; y cuando no la aprovechamos, sus intenciones quedan cumplidas mejor. Eugenia, sé enemiga jurada de esa fastidiosa propagación, y desvía sin cesar, incluso en el matrimonio, ese pérfido licor cuya vegetación sólo sirve para estropearnos nuestros talles, para debilitar en nosotras las sensaciones voluptuosas, para marchitarnos, para envejecernos y para perturbar nuestra salud; obliga a tu marido a acostumbrarse a tales pérdidas; ofrécele todas las rutas que puedan alejar el homenaje del templo; dile que detestas los hijos, que le suplicas no hacértelos. Cumple este artículo, querida, porque, te lo aseguro, siento por la propagación un horror tal que dejaría de ser tu amiga en el instante mismo en que estuvieras encinta. Y si esta desgracia te ocurre sin que tú tengas culpa, avísame en las siete u ocho primeras semanas, y te haré echarlo suavemente. No temas el infanticidio; ese crimen es imaginario; nosotras somos siempre dueñas de lo que llevamos en nuestro seno, y no hacemos peor destruyendo esa especie de materia que purgando la otra mediante medicamentos cuando sentimos necesidad de ello.

EUGENIA: ¿Y si el niño estuviera ya hecho?

SRA. DE SAINT-ANGE: Aunque estuviera en el mundo siempre seguiríamos siendo dueñas de destruirlo. No hay sobre la tierra derecho más cierto que el de las madres sobre sus hijos. No hay ningún pueblo que no haya reconocido esa verdad: está basada en la razón, en los principios.

DOLMANCÉ: Tal derecho está en la naturaleza... es indiscutible. La extravagancia del sistema deífico fue la fuente de todos estos groseros errores. Los imbéciles que creían en Dios, convencidos de que nosotros sólo recibíamos la existencia de él, y de que tan pronto como un embrión se hallaba maduro una pequeña alma, emanada de Dios, venía a animarla al punto, esos imbéciles, digo, debieron con toda certeza considerar como un crimen capital la destrucción de esa pequeña criatura porque, según ellos, no pertenecía ya a los hombres. Era obra de Dios: era de Dios; ¿se podía disponer de ella sin pecar? Pero desde que la antorcha de la filosofía ha disipado todas esas imposturas, desde que la quimera divina ha sido pisoteada, desde que, mejor instruidos en las leyes y en los secretos de la física, hemos desarrollado el principio de la genera-

39

ción, y, desde que ese mecanismo artificial no ofrece a los ojos nada más sorprendente que la vegetación del grano de trigo, hemos apelado a la naturaleza contra el error de los hombres. Ampliando la extensión de nuestros derechos, por fin hemos llegado a reconocer que éramos perfectamente libres de volver a tomar lo que sólo de mala gana y por azar habíamos entregado, y que es imposible exigir de un individuo cualquiera que se convierta en padre o en madre si no lo desea; que una criatura de más o de menos sobre la tierra no tenía mayores consecuencias, y que, en resumen, éramos tan palmariamente dueños de ese trozo de carne, por animado que estuviese, como lo somos de las uñas que cortamos de nuestros dedos, de las excrecencias de carne que extirpamos de nuestro cuerpo, o de las digestiones que suprimimos de nuestras entrañas, porque todo ello es de nosotros, porque todo ello está en nosotros, y porque somos absolutamente dueños de lo que de nosotros emana. Cuando desarrollaba para vos, Eugenia, la muy escasa importancia que la acción del asesinato tenía en la tierra, habréis podido apreciar la pequeña secuela que debe de tener asimismo cuanto atañe al infanticidio, cometido incluso sobre una criatura en la edad de razón; es por tanto inútil volver sobre ello: la excelencia de vuestro ingenio aumentará mis pruebas. La lectura de la historia de las costumbres de todos los pueblos de la tierra, haciéndonos ver que este uso es universal, acabará por convenceros de que sólo sería una imbecilidad admitir como tal esta acción totalmente indiferente.

EUGENIA, *primero a Dolmancé:* No puedo deciros hasta qué punto me convencéis. *(Dirigiéndose luego a la Sra. de Saint Ange.)* Pero dime, querida, ¿has empleado alguna vez el remedio que me ofreces para destruir interiormente el feto?

SRA. DE SAINT-ANGE: En dos ocasiones, y siempre con el mayor éxito; pero debo confesarte que sólo he hecho la prueba en los primeros días; no obstante, dos mujeres que conozco han empleado este mismo remedio en la mitad del embarazo, y me han asegurado que habían obtenido buenos resultados. Cuenta, por tanto, conmigo si te ocurre, querida, pero te exhorto a no ponerte nunca en el caso de necesitarlo: es más seguro. Prosigamos ahora la serie de detalles lúbricos que hemos prometido a esta joven. Continuad, Dolmancé, estamos en las fantasías sacrílegas.

DOLMANCÉ: Supongo que Eugenia está demasiado de vuelta de los errores religiosos para no hallarse íntimamente convencida de que cuanto implica burlarse de los objetos de la piedad de los tontos, apenas tiene alguna clase de consecuencia. Estas fantasías tienen tan pocas que, en la práctica, no deben calentar más que a cabezas muy jóvenes, para quienes toda ruptura de cualquier freno se convierte en goce; es una especie de pequeña venganza que enardece la imaginación y que, sin duda, puede divertir durante unos instantes; pero tales voluptuosidades han de volverse, en mi opinión, insípidas y frías, cuando uno ha tenido tiempo de instruirse y convencerse de la nulidad de objetos que no son sino pobre representación de los ídolos que nosotros escarnecemos. Profanar las reliquias, las imágenes de los santos, la hostia, el crucifijo, todo eso no debe suponer, a ojos del filósofo, más de lo que supondría la degradación de una estatua profana. Una vez que se ha condenado al desprecio tan execrables fruslerías, hay que olvidarlas sin preocuparse más por ellas; de todo ello sólo hay que conservar la blasfemia, no porque en ella haya más realidad, dado que, desde el momento en que no hay Dios, ¿de qué sirve insultar su nombre? Sino porque es esencial pronunciar palabras fuertes o sucias en la embriaguez del placer, y porque las de la blasfemia van bien a la imaginación. No hay que ahorrar nada: hay que adornar esas palabras con el mayor lujo de expresiones; es preciso que escandalicen lo más posible; porque es muy dulce escandalizar: hay en ello, para el orgullo, un pequeño triunfo de ningún modo desdeñable; os lo confieso, señoras mías, es una de mis voluptuosidades secretas: pocos placeres morales hay más activos sobre mi imaginación. Probadlo, Eugenia, y veréis cuáles son sus resultados. Haced gala, sobre todo, de una prodigiosa impiedad cuando os encontréis con personas de vuestra edad que vegetan aún en las tinieblas de la superstición; haced alarde de desenfreno y de libertinaje; fingid que hacéis de puta, dejando ver vuestro pecho; si vais con ellas a lugares secretos, remangaos los vestidos con indecencia; dejadles ver con afectación las partes más secretas de vuestro cuerpo; exigid lo mismo de ellas; seducidlas, sermoneadlas, demostradles lo ridículo de sus prejuicios; hacedles sentirse lo que se dice mal; jurad como un hombre con ellas; si son más jóvenes que vos, tomadlas por la fuerza, divertíos y corrompedlas mediante ejemplos, mediante consejos, mediante todo aquello que os parezca idóneo para pervertirlas; sed asimismo extremadamente libre con los hombres; haced alarde con ellos de irreligión y de impudor: lejos de asustaros por las libertades que tomen, concededles misteriosamente cuanto pueda divertirles sin comprometeros; dejaos magrear por ellos, meneádsela, que os masturben; llegad incluso a poner el culo; pero, puesto que el honor quimérico de las mujeres afecta a las primicias anteriores, haceos más difícil en ellas; una vez casada, tomad criados, nada de amantes, o pagad a algunas personas seguras; desde ese momento todo queda a cubierto; nada podrá dañar vuestra reputación, y sin que se haya podido sospechar nunca de vos, habréis encontrado el arte de hacer cuanto os plazca. Prosigamos:

Son los placeres de la crueldad los que hemos prometido analizar en tercer lugar. Esa clase de placeres es hoy muy común entre los hombres, y éste es el argumento de que se sirven para legitimarla: queremos que nos conmuevan, dicen, ése es el objetivo de todo hombre que se entrega a la voluptuosidad, y queremos serlo por los medios más activos. Partiendo de este punto, no se trata de saber si nuestros procedimientos agradarán o desagradarán al objeto que nos sirve, se trata sólo de hacer estremecerse la masa de nuestros nervios mediante el choque más violento posible; ahora bien, si no puede ponerse en duda que el dolor afecta con más viveza que el placer, los choques sobre nosotros de esa sensación producida en otros tendrán esencialmente una vibración más vigorosa, resonarán con más energía en nosotros, pondrán en circulación más violenta los espíritus animales que, al ser determinados en las regiones bajas por el movimiento de retrogradación que les es esencial, abrasarán de inmediato los órganos de la voluptuosidad y los dispondrán para el placer. Los efectos del placer son siempre falaces en las mujeres: es además muy difícil que un hombre viejo y feo los produzca. ¿Y si lo consiguen? En tal caso son débiles, y los choques mucho menos nerviosos. Por tanto hay que preferir el dolor, cuyos efectos no pueden engañar y cuyas vibraciones son más activas. Pero -objetan a los hombres encaprichados con esta manía-, ese dolor aflige al prójimo; ¿es caritativo hacer daño a los demás para deleitarse uno mismo? Los tunantes os responderán que, acostumbrados como están en el acto del placer a creerse ellos todo y a no creer nada en los demás, están convencidos de que es muy fácil, según los impulsos de la naturaleza, preferir lo que sienten a lo que no sienten de ningún modo. ¿Qué nos importan, se atreven a decir, dolores ocasionales en el prójimo? ¿Los sentimos nosotros? No, al contrario; acabamos de demostrar que producirlos nos depara una sensación deliciosa. ¿Por qué motivo habríamos de tener consideración con un

41

individuo que no nos afecta para nada? ¿Con qué motivo hemos de evitarle nosotros un dolor que nunca nos arrancará una lágrima, cuando es seguro que de ese dolor ha de nacer un gran placer para nosotros? ¿Hemos experimentado alguna vez un solo impulso de la naturaleza que nos aconseje preferir los demás a nosotros, y no debe cada uno mirar para sí mismo en el mundo[15]? Nos habláis de una voz quimérica de esa naturaleza, que nos dice que no ha de hacerse a los demás lo que no quisiéramos que nos hicieran a nosotros; pero ese absurdo consejo sólo nos ha venido de hombres, y de hombres débiles. Al hombre fuerte no se le ocurrirá nunca emplear ese lenguaje. Fueron los primeros cristianos los que, perseguidos diariamente por su estúpido sistema, gritaban a quien quería oírlos: «¡No nos queméis, no nos desolléis! *La naturaleza dice que no hay que hacer a los otros lo que no quisiéramos que nos hicieran a nosotros.»* ¡Imbéciles[16]! ¿Cómo la naturaleza, que siempre nos aconseja deleitarnos, que nunca imprime en nosotros otros impulsos ni otras inspiraciones, podría al momento siguiente, por una incoherencia sin ejemplo, asegurarnos que no hemos de pensar en deleitarnos si eso puede causar dolor a los demás? ¡Ah! Hagámosla caso, hagámosla caso, Eugenia; la naturaleza, nuestra madre común, sólo nos habla de nosotros; no hay nada tan egoísta como su voz, y lo que vemos más claro en ella es el inmutable y santo consejo que nos da de deleitarnos, sin importar a expensas de quién. Pero los demás -responden ellos a esto- pueden vengarse... En buen hora, sólo el más fuerte tendrá razón... Pues bien, así estamos en el estado primitivo de guerra y de destrucción perpetua para el que su mano nos creó, y en el que sólo le conviene que estemos.

Así es, mi querida Eugenia, como razonan esas gentes, y yo añado, tras mi experiencia y mis estudios, que la crueldad, lejos de ser un vicio, es el primer sentimiento que imprime en nosotros la naturaleza. El niño rompe su sonajero, muerde la teta de su nodriza, estrangula su pájaro mucho antes de entrar en la edad de la razón[17].

La crueldad está impresa en los animales, en los que, como creo haber dicho, las leyes de la naturaleza se leen más enérgicamente que en nosotros; y está en los salvajes, más próximos a la naturaleza que el hombre civilizado; sería por tanto absurdo concluir que es una secuela de la depravación. Tal sistema es falso, lo repito. La crueldad está en la naturaleza; todos nosotros nacemos con una dosis de crueldad que sólo la educación modifica; pero la educación no está en la naturaleza, perjudica a los efectos sagrados de

---

[15] Nuevamente parece haber aquí un recuerdo de las tesis expuestas por Rousseau en el libro citado anteriormente, sobre la piedad, y en el *Ensayo sobre el origen de las lenguas.* Precisamente en este ensayo, el tema de la piedad se halla en contradicción con lo expresado por Rousseau en el *Discurso sobre el origen y los fundamentos de la desigualdad entre los hombres,* lo cual ha dado lugar a una polémica entre eruditos que en el prólogo a mi edición de esos dos títulos de Rousseau abordo sumariamente dando bibliografía sobre el tema. Rousseau trató en varias ocasiones el tema de la piedad: en el capítulo IX del *Ensayo sobre el origen de las lenguas,* en la primera parte de ese *Discurso sobre la desigualdad* y en el libro IV del *Emilio.* [Nota del T]

[16] El término francés *imbécile* mantenía aún en esa época rastros de su sentido latino: debilidad mental. [Nota del T.]

[17] El tema del niño cruel, que procede de Hobbes, fue recogido por Rousseau en el *Discurso sobre el origen de la desigualdad,* inmediatamente después de sus pensamientos sobre la piedad. Era, de todos modos, un tema frecuente de la Enciclopedia: Diderot lo comenta al final de su artículo *Hobbisme.* [Nota del T]

la naturaleza tanto como el cultivo perjudica a los árboles. Comparad en vuestros vergeles el árbol abandonado a los cuidados de la naturaleza, con ese otro que vuestro arte cuida dominándolo, y veréis cuál es más bello, cuál os da mejores frutos. La crueldad no es otra cosa que la energía del hombre que la civilización no ha corrompido todavía: es por tanto una virtud y un vicio. Eliminad vuestras leyes, vuestros castigos, vuestras costumbres y la crueldad dejará de tener efectos peligrosos, puesto que no obrará nunca sin que pueda ser rechazada al punto por los mismos medios; es en el estado de civilización en el que es peligrosa, porque el ser lesionado carece casi siempre o de la fuerza o de los medios para rechazar la injuria; pero en el estado de incivilización, si actúa sobre el fuerte será rechazada por éste, y si actúa sobre el débil, no hay el menor inconveniente, puesto que sólo lesiona a un ser que cede ante el fuerte de acuerdo con las leyes de la naturaleza.

No analizaremos la crueldad en los placeres lúbricos de los hombres; ya veis, Eugenia, poco más o menos, los diferentes excesos a que pueden llevar, y vuestra ardiente imaginación ha de haceros comprender fácilmente que, en un alma firme y estoica, no deben tener límites. Nerón, Tiberio, Heliogábalo, inmolaban niños para conseguir que se les pusiera dura; el mariscal de Retz, Charolais[18], tío de Condé, cometieron también los asesinatos del desenfreno: el primero confesó en su interrogatorio que no conocía voluptuosidad más poderosa que la que sacaba del suplicio infligido por su limosnero y él a niños de ambos sexos. En uno de sus castillos de Bretaña se hallaron setecientos u ochocientos inmolados. Todo ello es concebible, acabo de probároslo. Nuestra constitución, nuestros órganos, el curso de los licores, la energía de los espíritus animales: he ahí las causas físicas que producen en el mismo momento los Titos o los Nerones, las Mesalinas o las Chantal[19]; no hay por qué enorgullecerse más de la virtud que arrepentirse del vicio, ni tampoco hay por qué acusar a la naturaleza por habernos hecho nacer buenos más que por habernos creado perversos; ella ha actuado según sus miras, sus placeres y sus necesidades: sometámonos. Por tanto sólo examinaré aquí la crueldad de las mujeres, siempre más activa en ellas que en los hombres, por la poderosa razón de la excesiva sensibilidad de sus órganos.

En general distinguimos dos clases de crueldad: la que nace de la estupidez, que, nunca razonada, nunca analizada, iguala al individuo nacido así con la bestia feroz: no proporciona ningún placer, porque quien está inclinado a ella no es susceptible de ningún refinamiento; las brutalidades de un ser así, rara vez son peligrosas; siempre es fácil evitarlas; la otra especie de crueldad, fruto de la extrema sensibilidad de los órganos, sólo es conocida por seres extremadamente delicados, y los excesos a que

---

[18] El mariscal de Retz o Rais (c. 1400-1440), compañero de Juana de Arco, dejó un reguero de crímenes por los que fue ejecutado en Nantes; su figura se convirtió en personaje legendario. Charolais, emparentado con el Príncipe de Condé, murió en julio de 1760, de gota, repentinamente. En el *Journal de Barbier Chronique de la Régence et du regne de Louis* XV (París, 1857), se cuentan varios episodios que ponen de relieve su brutalidad y sus violencias; más adelante, el propio Sade referirá uno de esos episodios, aunque en la obra de Barbier, lo que Sade atribuye a los labios reales, figura en los del Duque de Orleans, que fue quien, evidentemente, las pronunció. [Nota del T]

[19] Sade opone Tito a Nerón, y santa Juana de Chantal a Mesalina. Santa Juana, fundadora de la orden de la Visitación (1572-1741) fue dirigida espiritualmente por san Francisco de Sales. [Nota del T]

lleva no son sino refinamientos de su delicadeza; es esa delicadeza, embotada demasiado deprisa por su excesiva finura, la que, para despertar, utiliza todos los recursos de la crueldad. ¡Qué pocas personas conciben estas diferencias! ¡Cuán pocas las que las sienten! Y sin embargo existen, son indudables. Ahora bien, este segundo género de crueldad es el que afecta con más frecuencia a las mujeres. Estudiadlas bien: veréis si no es el exceso de su sensibilidad lo que las ha llevado ahí; veréis si no es la extrema actividad de su imaginación, la fuerza de su espíritu, lo que las vuelve malvadas y feroces; por ello son tan encantadoras; por ello también no hay una sola de esta especie que no desemboque en la locura cuando empieza; por desgracia, la rigidez, o, más bien, la absurdidad de nuestras costumbres, otorga poco alimento a su crueldad; están obligadas a esconderse, a disimular, a cubrir su inclinación por medio de ostensibles actos de beneficencia que en el fondo de su corazón detestan; sólo bajo el velo más oscuro, con las precauciones más grandes, ayudadas de algunas amigas seguras, pueden entregarse a sus inclinaciones; y, como hay muchas de esta clase, muchas son las desgraciadas en consecuencia. ¿Queréis conocerlas? Anunciad un espectáculo cruel, un duelo, un incendio, una batalla, un combate de gladiadores; veréis cómo acuden; pero estas ocasiones no son lo suficientemente numerosas para alimentar su furor: se contienen y sufren.

Lancemos una rápida ojeada sobre las mujeres de esa clase. Zingua, reina de Angola, la más cruel de las mujeres, inmolaba a sus amantes nada más gozar de ella; con frecuencia hacía luchar a guerreros ante sus ojos y se convertía en premio del vencedor; para halagar su alma feroz, se divertía mandando machacar en un mortero a todas las mujeres que habían quedado embarazadas antes de los treinta años[20]. Zoé[21], mujer de un emperador chino, no tenía mayor placer que ver ejecutar criminales ante sus ojos; a falta de ellos, hacía inmolar esclavos mientras jodía con su marido, y los impulsos de su descarga eran proporcionales a la crueldad de las angustias que hacía soportar a aquellos desdichados.

Ella fue la que, afinando sobre la clase de suplicio que iba a imponer a sus víctimas, inventó esa famosa columna de bronce hueca que se ponía al rojo vivo tras haber introducido en ella al paciente. Teodora, la mujer de Justiniano, se divertía viendo hacer eunucos; y Mesalina se masturbaba mientras, ante ella, por el mismo procedimiento, se hacía morir por agotamiento a los hombres. Las mujeres de Florida hacían hincharse el miembro de sus esposos y ponían pequeños insectos sobre el glande, lo cual les hacía sufrir horribles dolores; para esta operación los ataban y se reunían varias en torno a un solo hombre para lograr más fácilmente sus propósitos. Cuando vieron a los españoles, ellas mismas sujetaban a sus esposos mientras esos bárbaros europeos los asesinaban. La Voisin y la Brinvilliers envenenaban por el solo placer de cometer un crimen. En resumen, la historia nos proporciona miles de rasgos de la crueldad de las mujeres, y, debido a la inclinación natural que sienten por esos impulsos, desearía que se acostumbraran a usar la flagelación activa, medio por el que los hombres crueles aplacan su ferocidad. Algunas de ellas la utilizan, lo sé, pero no se halla extendida entre ese sexo hasta el punto que yo desearía. Con esta salida brindada a la barbarie de las mujeres, la sociedad ganaría; porque al no poder ser malvadas de esa forma, lo son de otra y,

---

[20] Véase la *Histoire de Zingua, reine d'Angola*, por un misionero.

[21] Zoé: se ha supuesto que bajo este nombre se alude a la emperatriz Wu Chao. Sobre Teodora, véase la nota 8. La Voisin (c. 1640-1680) y la Brinvilliers (1676) fueron dos envenenadoras de la época. [Nota del T]

diseminando su veneno en la sociedad, causan la desesperación de sus esposos y de su familia. Su negativa a hacer una buena acción cuando la ocasión se presenta, la de socorrer al infortunado, desarrolla perfectamente, si se quiere, esa ferocidad a que ciertas mujeres son arrastradas por naturaleza; pero eso es poco y a menudo dista mucho de su necesidad de hacer lo peor. Indudablemente habría otros medios con los que una mujer a un tiempo sensible y feroz puede calmar sus fogosas pasiones, pero son peligrosos, Eugenia, y nunca me atreveré a aconsejártelos. ¡Oh, cielos! ¿Qué os pasa, ángel querido?... Señora..., ¡en qué estado se encuentra vuestra alumna!...

EUGENIA, *masturbándose:* ¡Ay, santo Dios! ¡Me volvéis loca!... ¡Aquí tenéis el efecto de vuestras jodidas palabras!...

DOLMANCÉ: ¡Ayuda, señora, ayuda! ¿Dejaremos correrse a esta hermosa niña sin ayudarla?...

SRA. DE SAINT-ANGE: ¡Oh! ¡Sería injusto! *(Tomándola en sus brazos.)* ¡Adorable criatura, nunca he visto una sensibilidad como la tuya, nunca una cabeza tan deliciosa!...

DOLMANCÉ: Ocupaos de la parte delantera, señora; con mi lengua voy a lamer el lindo agujerito de su culo, mientras doy leves cachetadas en las nalgas; tiene que correrse entre nuestras manos por lo menos siete u ocho veces de esta forma.

EUGENIA, *extraviada:* ¡Ay! ¡Joder! ¡No será difícil!

DOLMANCÉ: Por la postura en que estamos, señoras mías, observo que podríais chuparme la polla por turno; así excitado, procedería con mayor energía a los placeres de nuestra encantadora alumna.

EUGENIA: Querida, te disputo el honor de chupar esta hermosa polla. *(La empuña.)*

DOLMANCÉ: ¡Ay! ¡Qué delicias!... ¡Qué calor voluptuoso!... Pero, Eugenia, ¿os portaréis bien en el momento de la crisis?

SRA. DE SAINT-ANGE: Tragará..., tragará..., respondo de ella; y además, si por niñería... o por no sé qué otro motivo... descuidara los deberes que aquí le impone la lubricidad...

DOLMANCÉ, *muy animado:* ¡No la perdonaría, señora, no la perdonaría!... ¡Un castigo ejemplar..., os juro que sería azotada..., que sería azotada hasta la sangre!... ¡Ay, rediós!... Descargo... ¡Mi leche corre!... ¡Traga!... ¡Traga, Eugenia, que no se pierda ni una sola gota!... Y vos, señora, ocupaos de mi culo, que a vos se ofrece... ¿No veis cómo está entreabierto mi jodido culo? ¿No veis cómo apela a vuestros dedos?... ¡Hostias! Mi éxtasis es completo... ¡Los hundís hasta la muñeca!... ¡Ah, calmémonos, no puedo más..., esta encantadora niña me ha chupado como un ángel!...

EUGENIA: Querido y adorable preceptor, no he perdido ni una sola gota. Bésame, amor, tu leche está ahora en el fondo de mis entrañas.

DOLMANCÉ: Es deliciosa... ¡Y cómo ha descargado la pequeña bribona!...

SRA. DE SAINT-ANGE: ¡Está inundada! ¡Oh, cielos! ¿Qué oigo?... Llaman: ¿quién puede venir a molestarnos de este modo?... Es mi hermano... ¡Imprudente!...

EUGENIA: Pero, querida, ¡esto es una traición!

DOLMANCÉ: Una traición inaudita, ¿no es así? No temáis nada, Eugenia, sólo trabajamos para vuestros placeres.

SRA. DE SAINT-ANGE: ¡Ah, pronto quedará convencida! Acércate, hermano mío, y ríete de esta jovencita que se esconde para que no la veas.

Cuarto Diálogo

SEÑORA DE SAINT-ANGE,
EUGENIA, DOLMANCÉ,
EL CABALLERO DE MIRVEL

EL CABALLERO: No temáis nada, os lo ruego, de mi discreción, bella Eugenia; es total; ahí está mi hermana, ahí mi amigo, que pueden responderos de mí.

DOLMANCÉ: Sólo se me ocurre una cosa para terminar de una vez este ridículo ceremonial. Atiende, caballero, estamos educando a esta hermosa joven, le enseñamos todo cuanto tiene que saber una señorita de su edad, y, para instruirla mejor, unimos siempre algo de práctica a la teoría. Le falta ver una polla descargando: en ese punto estamos: ¿quieres darnos tú el modelo?

EL CABALLERO: Tal propuesta es, desde luego, demasiado halagadora para que la rehúse, y la señorita tiene encantos que decidirán enseguida los efectos de la lección deseada.

SRA. DE SAINT ANGE: ¡Pues bien, vamos! Manos a la obra ahora mismo.

EUGENIA: ¡Oh! De veras que es demasiado fuerte; abusáis de mi juventud hasta un punto..., pero ¿por quién va a tomarme el señor?

EL CABALLERO: Por una muchacha encantadora, Eugenia..., por la criatura más adorable que he visto en mi vida. *(La besa y deja pasear sus manos por sus encantos.)* ¡Oh, Dios! ¡Qué atractivos tan frescos y bonitos! ¡Qué gracias tan encantadoras!...

DOLMANCÉ: Hablemos menos, caballero, y hagamos más. Yo voy a dirigir la escena, estoy en mi derecho; el objeto de ésta es mostrar a Eugenia el mecanismo de la eyaculación; pero como es difícil que pueda observar tal fenómeno con sangre fría, vamos a colocarnos los cuatro frente a frente y muy cerca unos de otros. Vos masturbaréis a vuestra amiga, señora; yo me encargaré del caballero. Cuando se trata de masturbar, un hombre es para otro hombre infinitamente mejor que una mujer. Como sabe lo que le conviene, sabe lo que hay que hacer a los otros... Vamos, coloquémonos. *(Se colocan.)*

SRA. DE SAINT-ANGE: ¿No estamos demasiado cerca?

DOLMANCÉ, *apoderándose ya del caballero:* Nunca podríamos estarlo demasiado, señora; es preciso que el seno y el rostro de vuestra amiga sean inundados por las pruebas de la virilidad de vuestro hermano; es preciso que se corra en sus mismas narices. Dueño de la manga, yo dirigiré los chorros de manera que resulte totalmente cubierta. Mientras tanto, sobadle cuidadosamente todas las partes lúbricas de su cuerpo. Eugenia, poned toda vuestra imaginación en los últimos extravíos del libertinaje; pensad que vais a ver realizarse los más bellos misterios ante vuestros ojos; pisotead todo comedimiento: el pudor no fue nunca una virtud[22]. Si la naturaleza hubiera querido que ocultásemos algunas partes de nuestro cuerpo, ella misma hubiera tenido ese cuidado; pero nos ha creado desnudos; por lo tanto quiere que vayamos desnudos y todo proceder en contra ultraja totalmente sus leyes. Los niños, que todavía no tienen ninguna idea del pla-

---

[22] Sade parece aprovechar de Bougainville su *Voyage autour du monde*, publicado en 1771: el suplemento a este viaje, escrito por Diderot, no aparecería hasta un año después de la publicación del texto sadiano. De Bougainville parece haber tomado la cita de la desnudez de las mujeres de Otaiti. [Nota del T]

cer ni, en consecuencia, de la necesidad de hacerlo más vivo mediante la modestia, muestran cuanto llevan. También a veces puede encontrarse una singularidad mayor: hay países donde es habitual el pudor de las vestimentas, sin que en ellos pueda encontrarse la modestia de costumbres. En Otaiti las jóvenes van vestidas, pero se remangan en cuanto se lo piden.

SRA. DE SAINT-ANGE: Lo que me gusta de Dolmancé es que no pierde el tiempo; a la vez que discursea, ved cómo actúa, cómo examina complacido el soberbio culo de mi hermano, cómo menea voluptuosamente la hermosa polla de este joven... ¡Vamos, Eugenia, manos a la obra! ¡Ya está la manga de la bomba en el aire; pronto nos inundará!

EUGENIA: ¡Ay, querida amiga, qué miembro tan monstruoso!... ¡Si apenas puedo abarcarlo!... ¡Oh, Dios mío! ¿Son todos tan gordos como éste?

DOLMANCÉ: Sabéis, Eugenia, que el mío es bastante inferior; tales aparatos son temibles para una jovencita; ya veis que éste no os perforaría sin peligro.

EUGENIA, *ya masturbada por la Sra. de SaintAnge:* ¡Ay, a todos los desafiaría yo para gozar de ellos!...

DOLMANCÉ: Y haríais bien: una joven nunca debe asustarse por una cosa semejante; la naturaleza y los torrentes de placeres con que os colma, os compensan pronto de los pequeños dolores que los preceden. He visto a muchachas más jóvenes que vos aguantar pollas más gordas todavía. Con coraje y paciencia se superan los mayores obstáculos. Es una locura imaginar que, en la medida de lo posible, hay que recurrir a pollas muy pequeñas para desflorar a una joven. Soy de la opinión de que una joven debe, por el contrario, entregarse a los aparatos más gordos que pueda encontrar, a fin de que,

una vez rotos cuanto antes los ligamentos del himen, las sensaciones del placer puedan, de este modo, producirse con mayor rapidez en ella. Cierto que una vez acostumbrada a ese tamaño, sufrirá mucho al volver a otro mediocre; pero si es rica, joven y bella, encontrará todos los que quiera de ese tamaño. Que si se le limite entonces a ellos; y si se le presentan otros menos gordos y quiere utilizarlos, que se los meta entonces por el culo.

SRA. DE SAINT ANGE: Indudablemente, y para ser aún más feliz, que se sirva de los dos a la vez; que las voluptuosas sacudidas con que ha de agitar al que la encoña sirvan para precipitar el éxtasis del que la encula, e, inundada de leche por los dos, lance la suya muriendo de placer.

DOLMANCÉ: *(Hay que observar que las masturbaciones continúan siempre durante el diálogo.)* Me parece, señora, que en el cuadro que pintáis debería haber dos o tres pollas más; esa mujer que colocáis en la forma que acabáis de decir, ¿no podría tener una polla en la boca y otra más en cada mano?

SRA. DE SAINT-ANGE: Podría tenerlas debajo de las axilas y en el pelo, debería de tener treinta a su alrededor si fuera posible; en esos momentos sería preciso no tener, no tocar, no devorar más que pollas en torno a una, ser inundada por todas en el mismo momento en que una descargue. ¡Ay, Dolmancé, qué puta soy! Os desafío a igualarme en los deliciosos combates de la lujuria... ¡Yo he hecho todo lo que se puede en la materia!...

EUGENIA, *que sigue siendo masturbada por su amiga, como el caballero lo es por Dolmancé:* ¡Ay, querida!... Me vuelves loca... ¡Cómo! ¡Que podré entregarme... a tantos hombres!... ¡Ay, qué delicias!... ¡Cómo me masturbas, querida!... ¡Eres la diosa misma del placer!... Y esta hermosa polla, ¡cómo se hincha!... ¡Cómo se llena y vuelve bermeja su majestuosa cabeza!...

DOLMANCÉ: Está muy cerca del desenlace.

EL CABALLERO: Eugenia..., hermana mía..., acercaos... ¡Ah, qué pechos tan divinos!... ¡Qué nalgas tan suaves y rollizas!... ¡Correos! ¡Correos las dos, mi leche va a unirse a la vuestra!... ¡Cómo corre!... ¡Ay, rediós!... *(Dolmancé, durante esta crisis, tiene la precaución de dirigir las oleadas de esperma de su amigo sobre las dos mujeres, y principalmente sobre Eugenia, que resulta inundada.)*

EUGENIA: ¡Qué bello espectáculo!... ¡Cuán noble y majestuoso!... ¡Heme aquí totalmente cubierta... me ha saltado hasta los ojos!...

SRA. DE SAINT-ANGE: Espera, amiga mía, déjame recoger esas perlas preciosas; voy a frotar tu clítoris con ellas para provocar más deprisa tu descarga.

EUGENIA: ¡Ay, sí, querida, ay, sí! Esa idea es deliciosa... Hazlo, y me corro en tus brazos.

SRA. DE SAINT-ANGE: Divina niña, bésame una y mil veces... Déjame chupar tu lengua..., déjame que respire tu voluptuoso aliento cuando está inundado por el fuego del placer... ¡Ah, joder, también yo me corro!... ¡Hermano mío, remátame, te lo ruego!...

DOLMANCÉ: Sí, caballero..., sí; masturbad a vuestra hermana.

EL CABALLERO: Prefiero joderla; todavía la tengo gorda.

DOLMANCÉ: Pues entonces, metédsela, ofreciéndome vuestro culo; yo os joderé durante este voluptuoso incesto. Eugenia, armada con este consolador, me dará por el culo. Destinada a jugar un día todos y cada uno de los distintos papeles de la lujuria, es preciso que vaya preparándose, durante las lecciones que aquí le damos, a cumplirlos todos por igual.

EUGENIA, *poniéndose un consolador:* ¡Oh, encantada! Nunca me cogeréis en falta cuando se trate de libertinaje: ahora es mi único dios, la única regla de mi conducta, la única base de todas mis acciones. *(Encula a Dolmancé.)* ¿Es así, querido maestro?... ¿Lo hago bien?...

DOLMANCÉ: ¡De maravilla!... ¡Realmente la pequeña bribona me encula como un hombre!... ¡Bueno! Me parece que ya estamos perfectamente enlazados los cuatro; ahora sólo se trata de seguir adelante...

SRA. DE SAINT-ANGE: ¡Ay, me muero, caballero!... ¡No puedo acostumbrarme a las deliciosas sacudidas de tu hermosa polla!...

DOLMANCÉ: ¡Rediós! ¡Qué placer me da este culo encantador! ¡Ah! ¡Joder, joder! ¡Descarguemos los cuatro a la vez!... ¡Rediós, me muero, desfallezco!... ¡Ay, en mi vida me correré con más voluptuosidad! ¿Has perdido tu esperma, caballero?

EL CABALLERO: Mira este coño, mira qué embadurnado está.

DOLMANCÉ: ¡Ay, amigo mío, y que no tenga yo otro tanto en el culo!

SRA. DE SAINT-ANGE: ¡Descansemos, me muero!

DOLMANCÉ, *besando a Eugenia:* Esta encantadora niña me ha jodido como un dios.

EUGENIA: Realmente he vuelto a sentir placer.

DOLMANCÉ: Todos los excesos lo proporcionan cuando uno es libertino, y lo mejor que puede hacer una mujer es multiplicarlos más allá incluso de lo posible.

SRA. DE SAINT-ANGE: He depositado quinientos luises en un notario para el individuo que me enseñe una pasión que no conozca y que pueda sumergir mis sentidos en una voluptuosidad que todavía no haya gozado.

DOLMANCÉ: *(En este punto los interlocutores, nuevamente tranquilos, sólo se preocupan de hablar)* Esa idea es extravagante y la tendré en cuenta, pero dudo, señora, que ese singular deseo tras el que corréis se parezca a los débiles placeres que acabáis de gustar.

SRA. DE SAINT-ANGE: ¿Cómo?

DOLMANCÉ: Os juro por mi honor que no conozco nada tan fastidioso como gozar de un coño y cuando, como vos, señora, se ha probado el placer del culo, no concibo que nadie se vuelva a los otros.

SRA. DE SAINT-ANGE: Son viejos hábitos. Cuando una piensa como yo, quiere que la jodan por todas partes, y, cualquiera que sea la parte que un aparato perfore, una es feliz al sentirlo. Soy, sin embargo, de vuestra opinión, y aseguro aquí a todas las mujeres voluptuosas que el placer que se siente jodiendo por el culo superará siempre con mucho al que se experimenta haciéndolo por el coño. Que se remitan para ello a la mujer de Europa que más veces lo ha hecho de las dos maneras: yo les aseguro que no hay la menor comparación, y que difícilmente volverán al de adelante cuando hayan hecho la experiencia del trasero.

EL CABALLERO: Yo no pienso lo mismo. Me presto a lo que sea, pero por gusto, lo único que verdaderamente amo en las mujeres es el altar que indicó la naturaleza para rendirles homenaje.

DOLMANCÉ: ¡Ese lugar es el culo! Querido caballero, si escrutas con cuidado sus leyes, jamás la naturaleza indicó otros altares para nuestro homenaje que el agujero del trasero; permite lo demás, pero ordena éste. ¡Ah, rediós! Si su intención no fuera que jodiésemos los culos, ¿habría proporcionado con tanta exactitud su orificio a nuestros miembros? Ese orificio, ¿no es tan redondo como ellos?

¿Hay un ser lo bastante enemigo del sentido común para imaginar que un agujero ovalado puede haber sido creado por la naturaleza para miembros redondos? Sus intenciones se leen en esa deformidad: nos hace ver claramente con ello que sacrificios demasiado reiterados en esa parte, multiplicando una propagación que ella sólo se limita a tolerar, le desagradarían de modo infalible... Pero prosigamos con nuestra educación. Eugenia acaba de contemplar a placer el sublime misterio de una descarga; quisiera ahora que aprendiese a dirigir sus oleadas.

SRA. DE SAINT-ANGE: En el agotamiento en que ambos estáis, será prepararle un buen trabajo.

DOLMANCÉ: Estoy de acuerdo, por eso me gustaría que viniese, de vuestra casa o de vuestros campos, algún joven muy robusto que nos sirva de maniquí y sobre el que podamos dar las lecciones.

SRA. DE SAINT-ANGE: Tengo precisamente lo que me pedís.

DOLMANCÉ: ¿No será por casualidad un joven jardinero, de rostro delicioso y de unos dieciocho o veinte años, que he visto hace un momento trabajando en vuestro huerto?

SRA. DE SAINT-ANGE: ¡Agustín! ¡Sí, precisamente, Agustín, cuyo miembro tiene trece pulgadas de largo por ocho y medio de circunferencia!

DOLMANCÉ: ¡Ah, santo cielo! ¡Qué monstruo!... Y eso ¿eyacula?...

SRA. DE SAINT-ANGE: ¡Oh, como un torrente!... Voy a buscarlo.

Quinto Diálogo

49

DOLMANCÉ, EL CABALLERO, AGUSTÍN, EUGENIA, SRA. DE SAINT-ANGE

SRA. DE SAINT-ANDE, *trayendo a Agustín:* Aquí está el hombre del que os he hablado. Vamos, amigos míos, divirtámonos. ¿Qué sería la vida sin placer? ¡Acércate, pánfilo! ¡Oh, qué tonto! ¿Podéis creer que hace seis meses que trabajo por desbravar a este gran cerdo sin conseguirlo?

AGUSTÍN: ¡Vaya, zeñora! Deciz a veces que empiezo hora no ir tanto mal, y cuando hay terreno barbecho, siempre a mi lo dais.

DOLMANCÉ, *riendo:* ¡Ah, encantador... encantador! Nuestro querido amigo es tan franco como fresco... *(Señalando a Eugenia.)* Agustín, aquí tienes un bancal de flores en barbecho; ¿quieres encargarte?

AGUSTÍN: ¡Ay, caray, señores, tan gentiles pedazoz no están hecho para nozotroz.

DOLMANCÉ: Vamos, señorita.

EUGENIA, *ruborizándose:* ¡Oh, cielos, qué vergüenza!

DOLMANCÉ: Alejad de vos ese sentimiento pusilánime; de todas nuestras acciones, sobre todo de las del libertinaje por sernos inspiradas por la naturaleza, no hay ninguna, sea cual fuere la especie de que podáis suponerla, por la que debamos sentir vergüenza. Vamos, Eugenia, haced acto de putanismo con este joven; pensad que toda provocación de una muchacha a un muchacho es una ofrenda a la naturaleza, y que vuestro sexo nunca la sirve mejor que cuando se prostituye al nuestro: en una palabra, que habéis nacido para ser jodida, y que la mujer que se niega a esta intención de la naturaleza no merece ver la luz. Bajad vos misma los calzones de este joven hasta más abajo de sus bellos muslos, enrolladle la camisa debajo de la chaqueta de modo que la delantera... y el trasero, que tiene, entre paréntesis, muy hermoso, se encuentren a vuestra disposición. Que ahora una de vuestras manos se apodere de ese gran trozo de carne que pronto, lo estoy viendo, va a espantaros por su forma, y que la otra se pasee por las nalgas, y le haga cosquillas, así, en el orificio del culo... Sí, así... *(Para demostrar a Eugenia cómo debe hacerlo, él mismo socratiza a Agustín.)* Descapullad bien esa cabeza rubicunda; no la cubráis nunca al masturbarla; mantenedla desnuda... tensad el frenillo hasta romperlo... ¡Bien! ¿Veis ahora el efecto de mis lecciones?... Y tú, hermoso mío, te lo ruego, no te quedes así con las manos juntas; ¿no tienes en qué ocuparlas?... Paséalas por ese hermoso seno, por esas hermosas nalgas...

AGUSTÍN: Zeñorez, ¿no pudiera yo bezar a zeñorita que me da tanto placer?

SRA. DE SAINT ANGE: Pues bésala, imbécil, bésala cuanto quieras, ¿o es que no me besas a mí cuando me acuesto contigo?

AGUSTÍN: ¡Ah, caray! ¡Qué hermosa boca!... ¡Qué frezca eztáiz!... Me parece tener la nariz zobre laz rozaz de nuestro jardín. *(Mostrando su polla tiesa.)* ¡Veiz, zeñorez, veiz el efecto que ezo ha producido! EUGENIA: ¡Cielos! ¡Qué larga!...

DOL.MANCÉ: Que vuestros movimientos sean ahora más regulares, más enérgicos... Dejadme el sitio un momento, y mirad bien cómo lo hago. *(Se la menea a Agustín.)* ¿Veis cómo estos movimientos son más firmes y al mismo tiempo más blandos? ... Tomad, seguid, y sobre todo no tapéis el capullo... ¡Bien! Ya está en toda su potencia; examinemos si es cierto que la tiene más gorda que el caballero.

EUGENIA: No hay ninguna duda: ya veis que no puedo empuñarla.

DOLMANCÉ, *mide:* Sí, tenéis razón: trece de longitud por ocho y medio de circunferencia. Nunca la he visto tan gorda. Es lo que se dice una polla soberbia. ¿Y os servís de ella, señora?

SRA. DE SAINT-ANGE: Regularmente todas las noches cuando estoy en este campo.

DOLMANCÉ: Espero que por el culo.

SRA. DE SAINT-ANGE: Con más frecuencia por el coño.

DOLMANCÉ: ¡Ay, rediós! ¡Qué libertinaje! Pues bien, palabra de honor que no sé si me va a caber.

SRA. DE SAINT-ANGE: No os hagáis el estrecho, Dolmancé; entrará en vuestro culo como entra en el mío.

DOLMANCÉ: Ya lo veremos: me halaga que mi Agustín me haga el honor de lanzarme un poco de leche en el trasero; se lo devolveré; pero prosigamos nuestra lección... Vamos, Eugenia, la víbora va a vomitar su veneno; preparaos; que vuestros ojos estén fijos en la cabeza de este sublime miembro; y cuando, en prueba de su pronta eyaculación, lo veáis hincharse y matizarse del púrpura más bello, que vuestros movimientos adquieran toda la energía de que son capaces; que los dedos que cosquillean el ano se hundan lo más profundo que puedan; entregaos por completo al libertino que goza de vos; buscad su boca para chuparla; que vuestros atractivos vuelen, por así decir, hacia sus manos!... ¡Se corre, Eugenia, ahí tenéis el instante de vuestro triunfo!

AGUSTÍN: ¡Ají! ¡Ají! ¡Ají! ¡Zeñorita, me muero!... ¡No puedo máz!... Ahora máz fuerte, oz lo zuplico... ¡Ay, redióz, no veo nada claro!...

DOLMANCÉ: ¡Más fuerte, más fuerte, Eugenia, sin miramientos, está en la ebriedad!... ¡Ah, qué abundancia de esperma!... ¡Con qué vigor la ha lan zado!... Ved las huellas del primer chorro: ha saltado más de diez pies... ¡Recristo! ¡Ha llenado toda la habitación!... Nunca he visto a nadie correrse así; y decid, señora, ¿os ha jodido esta noche?

SRA. DE SAINT-ANGE: Nueve o diez veces, me parece: hace tiempo que ya no contamos.

EL CABALLERO: Hermosa Eugenia, estáis toda cubierta.

EUGENIA: Quisiera estar inundada. *(A Dolman*cé.) Y bien, maestro mío, ¿estás contento?

DOLMANCÉ: Mucho, para empezar; pero todavía hay algunos episodios que habéis descuidado.

SRA. DE SAINT-ANGE: Esperemos: en ella no pueden ser más que fruto de la experiencia; en cuanto a mí, lo confieso, estoy muy contenta de mi Eugenia; anuncia las mejores disposiciones, y creo que ahora debemos hacerla gozar de otro espectáculo. Hagámosle ver los efectos de una polla en el culo. Dolmancé, voy a ofreceros el mío; yo estaré en brazos de mi hermano; él me la meterá por el coño, vos por el culo, y será Eugenia la que preparará vuestra polla, quien la colocará en mi culo, regulará todos los movimientos y los estudiará a fin de familiarizarse con esta operación que inmediatamente le haremos sufrir a ella misma con la enorme polla de este hércules.

DOLMANCÉ: Me agrada la idea, y ese lindo culito será pronto desgarrado ante nuestros ojos por las violentas sacudidas del bravo Agustín. Apruebo, entre tanto, lo que proponéis, señora, pero si queréis que os trate bien, permitidme añadir una cláusula: Agustín, a quien voy a lograr que se le ponga tiesa con dos pasadas de mano, me enculará mientras yo os sodomizo.

SRA. DE SAINT ANGE: Apruebo de buena gana el arreglo; yo saldré ganando, y para mi alumna serán dos excelentes lecciones en vez de una.

DOLMANCÉ, *apoderándose de Agustín:* Ven aquí, muchachote mío, ven que te reanime... ¡Qué guapo eres!... Bésame, amigo mío..., todavía estás todo mojado de leche, y es leche lo que yo te pido... ¡Rediós, tengo que chuparle el culo a la vez que se la meneo!...

EL CABALLERO: Acércate, hermana; para responder mejor a las intenciones de Dolmancé y a las tuyas, voy a tumbarme en esta cama, te acostarás en mis brazos, exponiéndole a él tus hermosas nalgas lo más separadas posible... Sí, así: ahora ya podemos empezar.

DOLMANCÉ: Todavía no, esperadme, antes tengo que encular a tu hermana, puesto que Agustín me lo insinúa; luego os casaré a vosotros: serán mis dedos los que os unan. No faltemos a ninguno de los principios: pensemos que una alumna nos mira, y que le debemos lecciones precisas. Eugenia, venid a meneármela mientras yo decido al enorme aparato de este mal sujeto; mantened la erección de mi polla masturbándola levemente sobre vuestra nalgas. *(Ella lo pone en práctica.)*

EUGENIA: ¿Lo hago bien?

DOLMANCÉ: Siempre ponéis demasiada blandura en vuestros movimientos; apretad mucho más la polla que meneáis, Eugenia: si la masturbación sólo es agradable porque comprime más que el goce, la mano que coopera tiene que volverse, para el aparato que trabaja, un lugar infinitamente más estrecho que ninguna otra parte del cuerpo... ¡Mejor, mucho mejor, así!... Separad el trasero un poco más, para que, a cada sacudida, la cabeza de mi polla toque el ojete de vuestro culo... ¡Sí, así! Masturba a tu hermana entretanto, caballero; estamos contigo dentro de un minuto... ¡Ah, bien, ya se le pone tiesa a mi hombre!... Vamos, preparaos, señora; abrid ese culo sublime a mi ardor impuro; guía el dardo, Eugenia; ha de ser tu mano la que lo encamine a la brecha; es preciso que sea ella la que lo haga penetrar; cuando esté dentro, cogerás el de Agustín, con el que llenarás mis entrañas; ésos son tus deberes de novicia; en todo ello hay enseñanzas que puedes sacar; por eso te mando que lo hagas.

SRA. DE SAINT ANGE: ¿Mis nalgas están bien para ti, Dolmancé? ¡Ay, ángel mío! ¡Si supieras cómo te deseo, cuánto tiempo hace que quiero que me encule un bujarrón!

DOLMANCÉ: Vuestros deseos van a ser saciados, señora; mas permitid que me detenga un instante a los pies del ídolo: ¡quiero festejarlo antes de introducirme hasta el fondo de su santuario!... ¡Qué culo divino!... ¡Dejadme que lo bese!... ¡Que lo lama mil y mil veces!... Toma, aquí está esta polla que deseas!... ¿La sientes, granuja? Di, di: ¿sientes cómo penetra?...

SRA. DE SAINT-ANGE: ¡Ay, métemela hasta el fondo de las entrañas!... ¡Oh, dulce voluptuosidad, cuán poderoso es tu imperio!

DOLMANCÉ: No he jodido otro culo igual en mi vida: ¡es digno del mismo Ganímedes! Vamos, Eugenia, que por vuestros cuidados Agustín me encule al instante.

EUGENIA: Aquí está, os lo traigo. *(A Agustín).* Vamos, angelito, ¿ves el agujero que tienes que perforar?

AGUSTÍN: Veo bien... ¡Maldición! Ahí zí que hay zitio!... Entraré mejor que en voz, zeñorita; bezarme un poco para entrar mejor.

EUGENIA, *besándole:* ¡Oh, todo lo que quieras.... estás tan fresco!... Pero empuja... ¡Qué pronto ha entrado la cabeza!... Me parece que el resto no tardará mucho...

DOLMANCÉ: ¡Empuja, empuja, amigo mío!... Desgárrame si hace falta... Venga, que mi culo ya está dispuesto... ¡Ay, rediós, qué maza! ¡No he recibido nunca nada semejante!... ¿Cuántas pulgadas quedan fuera, Eugenia?

EUGENIA: Dos apenas.

DOLMANCÉ: ¡Tengo, por tanto, once pulgadas en el culo!... ¡Qué delicia!... ¡Me revienta, no puedo más!... Vamos, caballero, ¿estás listo?...

EL CABALLERO: Prueba y dime lo que te parece.

DOLMANCÉ: Venid, hijos míos, que os case... quiero cooperar lo mejor posible a este divino incesto. *(Introduce la polla del caballero en el coño de su hermana.)*

SRA. DE SAINT-ANGE: ¡Ay, amigos míos, heme aquí jodida por los dos lados!... ¡Rediós! ¡Qué divino placer!... ¡No, no hay nada en el mundo que pueda comparársele!... ¡Ay, joder! ¡Qué pena me da la mujer que no lo haya probado!... ¡Sacúdeme, Dolmancé, sacúdeme!..., fuérzame con la violencia de tus movimientos a precipitarme en la espada de mi hermano, y tú, Eugenia, contémplame; ven a mirarme en el vicio; ven a aprender siguiendo mi ejemplo, a gustarlo con arrobo, a saborearlo con delicia... Mira, amor mío, mira todo lo que hago a la vez: ¡escándalo, seducción, mal ejemplo, incesto, adulterio, sodomía!... ¡Oh, Lucifer, solo y único dios de mi alma, inspírame alguna cosa más, ofrece a mi corazón nuevos extravíos y verás cómo me sumerjo en ellos!

DOLMANCÉ: ¡Voluptuosa criatura! ¡Cómo empujas mi leche, cómo me obligas a correrme con tus frases y con el extremado calor de tu culo!... Todo me fuerza a correrme hora mismo... Eugenia, da ánimos al coraje de mi jodedor; oprime sus flancos, entreabre sus nalgas; ahora ya sabes el arte de reanimar los deseos vacilantes... Tu sola proximidad da energía a la polla que me jode... La siento, sus sacudidas son más vivas... ¡Bribona, tengo que cederte lo que hubiera querido deber sólo a mi culo!... Caballero... te vas, lo siento... ¡Espérame!... ¡Esperadnos!... ¡Oh, amigos míos, corrámonos juntos: es la única felicidad de la vida!...

SRA. DE SAINT ANGE: ¡Ay! ¡Joder, joder! Correos cuando queráis... yo no aguanto más. ¡Rediós en quien me jodo!... ¡Sagrado bujarrón de dios! ¡Descargo!... Inundadme, amigos míos, inundad a vuestra puta..., lanzad las olas de vuestra leche espumosa hasta el fondo de mi alma abrasada: sólo existe para recibirlas. ¡Ay! ¡Ay! ¡Ay! ¡Joder... joder!... ¡Qué increíble exceso de voluptuosidad!... ¡Me muero!... ¡Eugenia, déjame que te bese, que te coma, que devore tu leche mientras pierdo la mía!... *(Agustín, Dolmancé y el caballero le hacen coro; el temor a ser monótonos nos impide transcribir expresiones que, en tales instantes, siempre son parecidas.)*

DOLMANCÉ: ¡Ha sido uno de los mejores goces que he tenido en mi vida! *(Señalando a Agustín.)* Este bujarrón me ha llenado de esperma... ¡Pero bien os lo he devuelto, señora!...

SRA. DE SAINT-ANGE: ¡Ay, no me habléis, estoy inundada!

EUGENIA: ¡Yo no puedo decir otro tanto! *(Arrojándose retozona en los brazos de su amiga.)* Dices que has cometido muchos pecados, querida; ¡pero yo, gracias a Dios, ni uno solo! ¡Ay, si como mucho tiempo pan con humo como ahora, no tengo que temer ninguna indigestión!

SRA. DE SAINT-ANGE, *estallando de risa:* ¡Qué pícara!

DOLMANCÉ: ¡Es encantadora!... Venid aquí, pequeña, que os azote. *(Le da cachetes en el culo.)* Besadme, que pronto os tocará.

SRA. DE SAINT ANGE: De ahora en adelante, hermano mío, sólo tenemos que ocuparnos de ella; mírala, es tu presa; examina esa encantadora virginidad, pronto te va a pertenecer.

EUGENIA: ¡Oh, por delante no! Me haría mucho daño, por detrás cuanto queráis, como Dolmancé acaba de hacerme hace un rato.

SRA. DE SAINTANGE: ¡Ingenua y deliciosa muchachita! ¡Os pide precisamente lo que tanto cuesta obtener de otras!

EUGENIA: ¡Oh! Y no sin remordimientos; porque no me habéis tranquilizado sobre el crimen enorme que siempre oí decir que había en ello, y, sobre todo, en hacerlo entre hombres, como acaba de ocurrir entre Dolmancé y Agustín. Veamos, veamos, señor, ¿cómo explica vuestra filosofía esta clase de delito? ¿Es horrible, verdad?

DOLMANCÉ: Partid de lo siguiente, Eugenia, y es que no hay nada horroroso en libertinaje, porque todo lo que el libertinaje inspira está inspirado asimismo por la naturaleza; las acciones más extraordinarias, las más extravagantes, las que parecen chocar con más evidencia a todas las leyes, a todas las instituciones humanas (porque en cuanto al cielo, de él no hablo), pues bien, Eugenia, ni siquiera éstas son horrorosas, y ni una sola carece de modelo en la naturaleza; cierto que ésa de que habláis, hermosa Eugenia, es la misma, relativamente, que aquella que se encuentra en una fábula tan singular de la insulsa narración de la santa Escritura, fastidiosa compilación de un judío ignorante durante el cautiverio de Babilonia; pero es falso, y completamente inverosímil, que fuese como castigo a estos extravíos por lo que esas ciudades, o mejor, esas aldeas, perecieron por el fuego; situadas en el cráter de algunos antiguos volcanes, Sodoma y Gomorra perecieron como esas ciudades de Italia que engulleron las lavas del Vesubio: eso es todo el milagro, y, sin embargo, fue de ese suceso tan simple de donde partieron para inventar bárbaramente el suplicio del fuego contra los desgraciados humanos que se entregaban en una parte de Europa a esa fantasía natural.

EUGENIA: ¡Oh, natural!

DOLMANCÉ: Sí, natural, lo repito; la naturaleza no tiene dos voces: una con la misión de condenar diariamente lo que la otra inspira; y es muy cierto que sólo por su órgano reciben los hombres encaprichados con esta manía las impresiones que hacia ella los llevan. Quienes intentan proscribir o condenar este gusto pretenden que perjudica a la procreación. ¡Qué tontos son! Esos imbéciles nunca han tenido en la cabeza otra idea que la procreación, ni han visto nunca otra cosa que crimen en todo lo que se aparta de ella. ¿Está demostrado acaso que la naturaleza tenga tanta necesidad de esa procreación como quisieran hacérnoslo creer? ¿Es totalmente cierto que se la ultraja cada vez que uno se aparta de esa estúpida procreación? Escrutemos un instante, para convencernos de ello, tanto su marcha como sus leyes. Si la naturaleza no hiciera más que crear, y si no destruyese nunca, yo podría creer, con esos fastidiosos sofistas, que el más sublime de todos los actos sería trabajar sin cesar en el que produce, y, por ende, les concedería que la negativa a producir deba ser necesariamente un crimen. La más leve ojeada sobre las operaciones de la naturaleza, ¿no prueba que las destrucciones son tan necesarias para sus planes como las creaciones? ¿Que estas dos operaciones están ligadas y encadenadas tan íntimamente que le resulta imposible a una actuar sin la otra? ¿Que nada nacería, ni nada se regeneraría sin destrucciones? La destrucción es, por tanto, una de las leyes de la naturaleza, igual que la creación.

Admitido este principio, ¿cómo puedo ofender a la naturaleza negándome a crear? Si suponemos como mal tal acción, sería infinitamente más pequeño, desde luego, que el de destruir, que, sin embargo, se encuentra entre sus leyes como acabo de probar. Si por un lado admito la inclinación que la naturaleza me impone hacia tal pérdida, por otro veo que le es necesario y que no hago otra cosa que entrar en sus miras entregándome a ella. ¿Dónde estaría entonces el crimen, os pregunto? Pero los tontos y los procreadores objetan aún lo que es sinónimo, ese esperma procreador no puede haber sido puesto en vuestros riñones para más uso que el de la procreación: volverlo hacia otra parte es una ofensa. Acabo de probar, en primer lugar, que no, puesto que esta pérdida no equivaldría siquiera a una destrucción, y que la destrucción, mucho más importante que la pérdida, no sería en sí misma un crimen. En segundo lugar, es falso que la naturaleza quiera que este licor espermático esté absoluta y enteramente destinado a producir; si así fuera, no sólo no permitiría que tal derrame se produjera en otros casos, como nos prueba la experiencia, puesto que lo perdemos cuando queremos y donde queremos, sino que, además, se opondría a que tales pérdidas ocurrieran sin coito, como sucede tanto en nuestros sueños como en nuestros recuerdos; avara de un licor tan precioso, nunca permitiría su derrame salvo en el vaso de la propagación; no querría, con toda seguridad, que esta voluptuosidad con que entonces nos corona pudiera ser sentida de nuevo si desviásemos el homenaje; porque no sería razonable suponer que consiente en darnos placer en el momento mismo en que nosotros la abrumamos a ultrajes. Vayamos más lejos: si las mujeres no hubieran nacido para producir, cosa que sería así si tal procreación fuera tan cara a la naturaleza, ocurriría, suponiendo la vida de mujer más larga, que sólo durante siete años, hechas todas las deducciones, se hallaría en condiciones de dar la vida a su semejante. ¡Cómo! ¡La naturaleza está ávida de procreación; todo lo que no tiende a esa meta la ofende, y, en cien años de vida, el sexo destinado a producirla no podrá hacerlo más que durante siete años! ¡La naturaleza sólo quiere propagaciones, y la semilla que presta al hombre para servir a esas propagaciones se pierde siempre que place al hombre! ¡Él encuentra el mismo placer en esta pérdida que en su empleo útil, con el menor inconveniente!...

Cesemos, amigos, cesemos de creer en tales absurdos: hacen estremecerse al sentido común. ¡Ah! Lejos de ultrajar a la naturaleza, convenzámonos bien, por el contrario, de que el sodomita y la tríbada están a su servicio, negándose obstinadamente a una conjunción de la que sólo resulta una progenitura fastidiosa para ella. No nos engañemos, tal propagación no fue nunca una de sus leyes, sino todo lo más una tolerancia, ya os lo he dicho. ¡Pero qué le importa que la raza de los hombres se extinga o aniquile en la tierra! ¡Se ríe de nuestro orgullo, que nos ha convencido de que todo terminaría si esa desgracia ocurriese! Ella ni se daría cuenta. ¿Cree alguien que no ha habido ya razas extinguidas? Buffon cuenta varias, y la naturaleza, muda por una pérdida tan preciosa, ni siquiera lo tiene en cuenta. La especie entera se aniquilaría, y el aire no sería menos puro por ello, ni el astro menos brillante, ni la marcha del universo menos exacta. ¡Hay que ser imbécil para creer que nuestra especie es tan útil al mundo que quien no trabaje por propagarla o quien perturbe esa propagación se volvería necesariamente un criminal! Cesemos de estar ciegos en este punto, y que el ejemplo de los pueblos más razonables nos sirva para convencernos de nuestros errores. No hay un solo rincón de la tierra donde ese pretendido crimen de sodomía no haya tenido templos ni partidarios. Los griegos, que hacían de él una virtud, le erigieron una estatua con el nombre de Venus Calípiga; Roma envió en busca de leyes a Atenas, y de allí se trajo este gusto divino.

¡Qué progresos no le vemos hacer bajo los emperadores! Al amparo de las águilas romanas se extiende de un extremo a otro de la tierra; cuando desaparece el imperio, se refugia junto a la tiara, sigue a las artes en Italia, nos llega cuando nos civilizamos. Descubrimos un hemisferio, y allí encontramos la sodomía. Cook fondea en un mundo nuevo: allí reina ella. Si nuestros globos hubieran estado en la luna, allí la habrían encontrado igualmente. Gusto delicioso, hijo de la naturaleza y del placer, debéis estar doquiera se hallen hombres, y doquiera se os haya conocido os erigirán altares. ¡Oh, amigos míos, puede haber extravagancia igual a la de imaginar que un hombre ha de ser un monstruo digno de perder la vida por preferir en sus goces el agujero del culo al de un coño, por haberle parecido preferible un joven con el que encuentra dos placeres, el de ser a la vez amante y querida, a una muchacha que no le promete más que un goce! ¡Sería un malvado, un monstruo por haber querido jugar el papel de un sexo que no es el suyo! Y entonces, ¿por qué la naturaleza lo ha creado sensible a este placer?

Examinad su conformación; observaréis en ella diferencias radicales con la de los hombres que no comparten este gusto; sus nalgas serán más blancas, más rollizas; ni un pelo sombreará el altar del placer, cuyo interior, tapizado de una membrana más delicada, más sensual, más acariciadora, será positivamente de la misma clase que el interior de la vagina de una mujer; el carácter de este hombre, también diferente del carácter de los demás, tendrá más blandura, más flexibilidad; encontraréis en él casi todos los vicios y todas las virtudes de las mujeres; reconoceréis incluso su debilidad; todos tendrán sus manías y, algunos, los rasgos. ¿Será, pues, posible que la naturaleza, asimilando de este modo a las mujeres, se irrite por tener los gustos de ellas? ¿No es evidente que se trata de una clase de hombres distinta de la otra, y que la naturaleza la creó así para disminuir esta propagación, cuya extensión excesiva la perjudicaría infaliblemente?... ¡Ay, querida Eugenia, si supierais cuán deliciosamente se goza cuando una polla gorda nos llena el trasero; cuando, hundida hasta los cojones, se mueve con ardor; cuando, retraída hasta el prepucio, vuelve a hundirse hasta el pelo! ¡No, no, no hay en el mundo entero un goce comparable a éste: es el de los filósofos, es el de los héroes, sería el de los dioses si las partes de ese divino goce no fueran ellas mismas los únicos dioses que debemos adorar en la tierra[23]!

EUGENIA, *muy animada:* ¡Oh, amigos míos, que alguien me encule! Tomad, aquí están mis nalgas..., os las ofrezco... ¡Jodedme, me corro!... (Al *pronunciar estas palabras cae en brazos de la Sra. de Saint-Ange, quien la estrecha, la besa y ofrece los lomos alzados de esta joven a Dolmancé.)*

SRA. DE SAINT ANGE: Divino preceptor, ¿resistiríais esta propuesta? ¿No ha de tentaros este sublime trasero? ¡Mirad cómo respira, cómo se entreabre!

DOLMANCÉ: Os pido perdón, hermosa Eugenia; no seré yo, si lo permitís, quien se encargue de apagar los fuegos que enciendo. Querida niña, tenéis a mis ojos el gran pecado de ser mujer. De buena gana quisiera olvidar toda prevención para cosechar vuestras primicias; espero que os parezca bien que me quede ahí; el caballero se encargará de la faena. Su hermana, armada con este consolador, dará en el culo de su hermano los golpes más temibles, al tiempo que presentará su hermoso trasero a Agustín,

---

[23] Como en la continuación de esta obra hay una disertación más amplia sobre esta materia, aquí nos limitaremos a un análisis ligero.

que la enculará y al que yo joderé entretanto; porque, no quiero ocultároslo, el culo de este hermoso muchacho me tienta desde hace una hora, y quiero devolverle totalmente lo que me ha hecho.

EUGENIA: Acepto el cambio; pero, de verdad, Dolmancé, la franqueza de vuestra confesión no deja de encerrar cierta descortesía.

DOLMANCÉ: Mil perdones, señorita; pero nosotros, los bujarrones, no alardeamos más que de franqueza y de justicia en nuestros principios.

SRA. DE SAINT-ANGE: Reputación de franqueza no es, sin embargo, lo que se tiene de los que, como vos, están acostumbrados a poseer a las personas sólo por detrás.

DOLMANCÉ: Algo traidores, sí, algo falsos, ¿eso creéis? Pues bien, señora, os he demostrado que tal carácter era indispensable en la sociedad. Condenados a vivir con personas que tienen el mayor interés en ocultarse a nuestros ojos, en disfrazar sus vicios que tienen para no ofrecernos más que las virtudes que nunca veneraron, correríamos el mayor peligro si mostrásemos únicamente franqueza; porque, entonces, es evidente que les concederíamos sobre nosotros todas las ventajas que ellos nos niegan, y el engaño sería manifiesto. El disimulo y la hipocresía son necesidades que la sociedad nos ha impuesto: cedamos ante ella. Permitidme que me ofrezca a vos un instante como ejemplo, señora: con toda probabilidad, no hay en el mundo un ser más corrompido; pues bien, mis contemporáneos están engañados; preguntadles qué piensan de mí, todos os dirán que soy un hombre honrado, cuando no hay un solo crimen del que no haya hecho mis delicias más queridas.

SRA. DE SAINT-ANGE: ¡Oh, no me convenceréis de que los habéis cometido atroces!

DOLMANCÉ: ¡Atroces!... De verdad, señora, he cometido horrores.

SRA. DE SAINT-ANGE: Pues bien, sí, sois como aquel que decía a su confesor: «El detalle es inútil, señor; excepto el asesinato y el robo, podéis estar seguro de que lo he hecho todo.»

DOLMANCÉ: Sí, señora, yo diría lo mismo, aunque con una excepción.

SRA. DE SAINT-ANGE: ¡Cómo! ¿Libertino, os habéis permitido?...

DOLMANCÉ: Todo, señora, todo; ¿puede uno negarse a algo con mi temperamento y con mis principios?

SRA. DE SAINT-ANGE: ¡Ay, jodamos, jodamos!... Ante estas palabras, no puedo aguantar más; ya volveremos sobre ello, Dolmancé; pero, para añadir mayor fe a vuestras confesiones, quiero oírlas únicamente *con la cabeza fría.* Cuando la tenéis tiesa os gusta decir horrores, y quizá nos dierais ahora por verdades los libertinos prodigios de vuestra imaginación inflamada. *(Se colocan.)*

DOLMANCÉ: Espera, caballero, espera; yo mismo seré quien la introduzca; pero previamente, y por ello pido perdón a la hermosa Eugenia, tiene que permitirme azotarla para ponerla a punto. *(La azota.)*

EUGENIA: Os aseguro que esta ceremonia es inútil... Decid, más bien, Dolmancé, que satisface vuestra lujuria; pero al proceder a ella, os suplico que no finjáis que hacéis algo por mí.

DOLMANCÉ, *que sigue azotándola:* ¡Ah, ya me daréis noticias dentro de poco!... No conocéis el imperio de este preliminar... ¡Vamos, vamos, bribonzuela, seréis fustigada!

EUGENIA: ¡Oh, cielos! ¡Con qué empeño golpea!... ¡Mis nalgas están ardiendo!... Pero ¡me hacéis daño, de veras!...

SRA. DE SAINT-ANGE: Voy a vengarte, amiga mía; voy a devolvérselo. (*Y azota ella a Dolmancé.*)

DOLMANCÉ: ¡Oh! ¡Muchísimas gracias! Sólo un favor le pido a Eugenia: que me deje azotarla con la misma cuerda con la que yo deseo que me azoten; ya veis que sigo en esto la ley de la naturaleza; pero esperad, arreglémoslo mejor: que Eugenia se suba a vuestros lomos, señora; se agarrará a vuestro cuello, como esas madres que llevan a sus hijos a la espalda; así tendré dos culos al alcance de mi mano; los zurraré juntos; el caballero y Agustín me lo devolverán golpeando los dos juntos a la vez mis nalgas... Sí, así es... ¡Ay, ya estamos!... ¡Qué delicia!

SRA. DE SAINT-ANGE: No tengáis miramientos con esta bribona, por favor, y como yo no os pido gracia tampoco quiero que le concedáis ninguna.

EUGENIA: ¡Ají! ¡Ají! ¡Ají! Creo que mi sangre corre de veras.

SRA. DE SAINT-ANGE: Embellecerá tus nalgas coloreándolas... Valor, ángel mío, valor; acuérdate de que sólo por las penas se alcanzan siempre los placeres.

EUGENIA: No puedo más, de veras.

DOLMANCÉ, *se detiene un minuto para contemplar su obra; luego, prosiguiendo:* Sesenta más todavía, Eugenia; sí, sí, ¡sesenta más en cada culo!... ¡Oh, tunantes, qué placer vais a tener ahora jodiendo! *(La postura se deshace.)*

SRA. DE SAINTANGE, *examinando las nalgas de Eugenia:* ¡Ay, pobre pequeña, su trasero está lleno de sangre!... ¡Perverso, cuánto placer sacas de besar así los vestigios de tu crueldad!

DOLMANCÉ, *masturbándose:* Sí, no lo oculto, y mis besos serían más ardientes si los vestigios fueran más crueles.

EUGENIA: ¡Ah, sois un monstruo!

DOLMANCÉ: ¡Estoy de acuerdo!

EL CABALLERO: Por lo menos es sincero.

DOLMANCÉ: Vamos, sodomízala, caballero.

EL CABALLERO: Sosténla por las caderas, y en tres sacudidas está hecho.

EUGENIA: ¡Oh, cielos! ¡La tenéis más gorda que Dolmancé!... ¡Caballero..., me desgarráis!... ¡Tratadme con cuidado, os lo suplico!...

EL CABALLERO: Es imposible, ángel mío. Tengo que llegar al final... Pensad que me encuentro a la vista de mi maestro: debo mostrarme digno de sus lecciones.

DOLMANCÉ: ¡Ya está!... Me encanta ver el pelo de una polla frotar las paredes de un ano... Vamos, señora, enculad a vuestro hermano... Ya está la polla de Agustín dispuesta a introducirse en vos; en cuanto a mí, os aseguro que no he de tratar con miramientos a vuestro jodedor... ¡Ah! ¡Bien! Me parece que ya está formado el rosario; ahora pensemos sólo en corrernos.

SRA. DE SAINT-ANGE: Mirad cómo se estremece la muy pícara.

EUGENIA: ¿Es culpa mía? ¡Me muero de placer!... ¡Esta fustigación..., esta polla inmensa... y este amable caballero que aún sigue masturbándome!... ¡Querida, querida, no puedo más!...

SRA. DE SAINT-ANGE: ¡Dios santo! ¡Yo tampoco, me corro!...

DOLMANCÉ: Vayamos juntos, amigos míos; si quisierais concederme sólo dos minutos, os habré alcanzado en seguida, y nos iríamos todos a la vez.

EL CABALLERO: Ya no hay tiempo; mi leche corre en el culo de la hermosa Eugenia... ¡Me muero!... ¡Ay, santo nombre de un dios!... ¡Qué placer!...

DOLMANCÉ: Os sigo, amigos míos..., os sigo..., también a mí me ciega la leche...

AGUSTÍN: ¡Y a mí también!... ¡Y a mí también!...

SRA. DE SAINT-ANGE: ¡Vaya escena!... ¡Este bujarrón me ha llenado el culo!...

EL CABALLERO: ¡Al bidé, señoras mías, al bidé!

SRA. DE SAINT-ANGE: No, de veras, me gusta así, me gusta sentir la leche en el culo: cuando la tengo no la devuelvo nunca.

EUGENIA: De veras que no puedo más... Ahora, amigos míos, decidme si una mujer debe aceptar siempre la propuesta de ser follada de esta forma cuando se la hacen.

SRA. DE SAINT-ANGE: Siempre, querida, siempre; debe hacer más todavía: como esta manera de joder es deliciosa, debe exigirla de aquellos de quienes se sirve; y si depende de aquél con quien se divierte, si espera obtener de él favores, presentes o gracias, que se dé a valer, que se haga acosar; no hay hombre aficionado a esta postura que, en un caso así, no se arruine por una mujer lo bastante hábil para negarse con el solo propósito de inflamarle más; sacará cuanto quiera si domina el arte de conceder sólo adrede lo que se le pide.

DOLMANCÉ: Y bien, angelito, ¿estás convertida? ¿Has dejado ya de creer que la sodomía es un crimen?

EUGENIA: Y aunque lo fuera, ¿qué me importa? ¿No habéis demostrado vos la nadería de los crímenes? Ahora muy pocas acciones son criminales a mis ojos.

DOLMANCÉ: Nada es crimen, querida hija, sea lo que sea: la más monstruosa de las acciones ¿no tiene un lado por el que nos resulta propicia?

EUGENIA: ¿Quién lo duda?

DOLMANCÉ: Pues bien, desde ese momento deja de ser crimen; porque, aunque lo que sirve a uno perjudicando a otro fuera crimen, habría que demostrar que el ser herido es más precioso para la naturaleza que el ser servido: ahora bien, dado que todos los individuos son iguales a ojos de la naturaleza, tal predilección es imposible; por lo tanto la acción que sirve a uno perjudicando a otro es perfectamente indiferente para la naturaleza.

EUGENIA: Pero si la acción perjudicase a una gran mayoría de individuos, y nos proporcionase a nosotros una dosis muy ligera de placer, ¿no sería horrible entregarse a ella?

DOLMANCÉ: Tampoco, porque no hay comparación posible entre lo que sienten los demás y lo que nosotros sentimos; la dosis más fuerte de dolor en los demás debe ser para nosotros nada, y el más leve cosquilleo de placer experimentado por nosotros nos conmueve; por tanto debemos preferir, al precio que sea, ese ligero cosquilleo que nos deleita a esa suma inmensa de desgracias de los demás, que no podría afectarnos. Antes bien, ocurre por el contrario que la singularidad de nuestros órganos, una construcción extraña, nos hace agradables los dolores del prójimo, como a veces ocurre: ¿quién duda entonces de que ineludiblemente debemos preferir este dolor de otros, que nos divierte, a la ausencia de tal dolor, que se convertiría en una privación para nosotros? La fuente de todos nuestros errores en moral procede de la admisión ridícula de ese hilo de fraternidad que inventaron los cristianos en su siglo de infortunio y de indigencia. Forzados a mendigar la piedad de los demás, no era torpe sostener que eran todos hermanos. ¿Cómo negar ayuda, según esa hipótesis? Pero es imposible admitir semejante doctrina. ¿No nacemos todos aislados? Digo más, ¿no somos enemigos unos de otros, no nos hallamos todos en estado de guerra perpetuo y recíproco? Ahora bien, yo os pregunto si lo sería suponiendo que las virtudes exigidas por ese pretendido hilo de fraternidad estuvieran realmente en la naturaleza. Si su voz las inspirase a los hombres, las sentirían desde el nacimiento. A partir de ese instante la piedad, la beneficencia, la humanidad, resultarían virtudes naturales, de las que sería imposible defenderse, y que harían ese estado primitivo del hombre salvaje totalmente contrario a como lo vemos.

EUGENIA: Pero si, como decís, la naturaleza hace que los hombres nazcan aislados, independientes unos de otros, me concederéis al menos que las necesidades, al acercarlos, han debido establecer obligatoriamente algunos lazos entre ellos[24]; de ahí, los de la sangre nacidos de su alianza recíproca, los del amor, los de la amistad, los del reconocimiento; espero que al menos respetéis éstos.

DOLMANCÉ: No más que los otros, en realidad; pero analicémoslos, lo deseo: echemos una rápida ojeada, Eugenia, sobre cada uno en particular. tDiríais vos, por ejemplo, que la necesidad de casarme, para ver prolongada mi raza o para conseguir mi fortuna, debe establecer lazos indisolubles o sagrados con el objeto al que me alío? Os pregunto, tno sería absurdo sostenerlo? Mientras dura el acto del coito, puedo indudablemente necesitar ese objeto para que participe en él; pero tan pronto como está concluido, decidme, ¿qué queda entre él y yo? ¿Y qué obligación real encadenará, a él o a mí, a los resultados de ese coito? Estos últimos lazos fueron frutos del pavor que sintieron los padres a ser abandonados en su vejez, y los interesados cuidados que tienen con nosotros en nuestra infancia son únicamente para merecer luego las mismas atenciones en su postrera edad. Dejemos de ser víctimas de todo esto: no debemos nada a nuestros padres..., ni lo más mínimo, Eugenia, y como han trabajado menos para nosotros que para sí, nos está permitido detestarlos y deshacernos incluso de ellos si su proceder nos irrita; sólo debemos amarlos si actúan bien con nosotros, y esa ternura no debe ser un grado superior al que tendríamos con otros amigos, porque los derechos del nacimiento no establecen nada ni fundan nada, y, escrutándolos con prudencia y reflexión, no encontraremos probablemente en ellos otra cosa que razones de odio hacia los que, pensando sólo en sus placeres, no nos han dado a menudo más que una existencia desgraciada o malsana.

¡Me habláis de los lazos del amor, Eugenia! ¿Habéis podido conocerlos alguna vez? ¡Ah, que semejante sentimiento no se acerque jamás a vuestro corazón, por el bien que os deseo! ¿Qué es el amor? A mi entender, sólo puede considerarse como el efecto resultante de las cualidades de un objeto hermoso sobre nosotros; tales efectos nos transportan, nos inflaman; si poseemos ese objeto, ya estamos contentos; si nos es imposible conseguirlo, nos desesperamos. Pero ¿cuál es la base de ese sentimiento?... el deseo. ¿Cuáles son las secuelas de ese sentimiento?... la locura. Atengámonos, pues, al motivo, y librémonos de los efectos. El motivo es poseer el objeto; pues bien, tratemos de triunfar, pero con prudencia; gocémoslo en cuanto lo tengamos; consolémonos en caso contrario: otros mil objetos semejantes, y con frecuencia mejores, nos consolarán de la pérdida de ése; todos los hombres, todas las mujeres, se parecen: no hay amor que resista los efectos de una reflexión sana. ¡Oh! ¡Qué engaño esa embriaguez que, absorbiendo en nosotros el resultado de los sentidos, nos pone en tal estado que ya no vemos ni existimos más que por ese objeto locamente adorado! ¿Es eso vivir? ¿No es más bien privarse

---

[24] Nuevo eco de Rousseau y de su *Discurso sobre la desigualdad:* «Satisfecha la necesidad, los dos sexos ya no se reconocían, y el hijo mismo no era nada para la madre tan pronto como podía prescindir de ella.» [Nota del T]

voluntariamente de todas las dulzuras de la vida? ¿No es querer permanecer en una fiebre ardorosa que nos absorbe y que nos devora sin dejarnos otra dicha que goces metafísicos, tan semejantes a los efectos de la locura? Si debiéramos amar siempre ese objeto adorable, si fuera seguro que jamás tendríamos que abandonarlo, sería una extravagancia, indudablemente, pero excusable al menos. ¿Ocurre? ¿Hay muchos ejemplos de esas relaciones eternas que jamás se hayan desmentido? Algunos meses de goce, que ponen pronto al objeto en su verdadero lugar, nos hacen avergonzarnos por el incienso que hemos quemado en sus altares, y con frecuencia no llegamos siquiera a concebir que haya podido seducirnos hasta ese punto.

¡Oh jóvenes voluptuosas, entregadnos por tanto vuestros cuerpos cuanto podáis! Follad, divertíos: eso es lo esencial; pero huid con cuidado del amor. Lo único bueno que tiene es la parte física, decía el naturalista Buffon[25], y no sólo sobre este punto razonaba como buen filósofo. Lo repito, divertíos; pero no améis; no os preocupéis más por ser amadas: lo necesario no es extenuarse en lamentaciones, en suspiros, en miradas, en billetes de dulce amor, sino follar, multiplicar y cambiar a menudo de jodedores, oponerse fuertemente sobre todo a que uno solo quiera cautivaros, porque la meta de este constante amor sería, atándoos a él, impediros que os entreguéis a otro, egoísmo cruel que pronto se volvería fatal para vuestros placeres. Las mujeres no están hechas para un solo hombre: la naturaleza las ha creado para todos. Escuchando sólo esta sagrada voz, que se entreguen indiferentemente a cuantos quieran algo de ellas. Siempre putas, nunca amantes, re-pudiando el amor, adorando el placer, sólo rosas encontrarán en la carrera de la vida; sólo flores será lo que nos prodiguéis. Preguntad, Eugenia, preguntad a la encantadora mujer que ha tenido a bien encargarse de vuestra educación, sobre el caso que hay que hacer a un hombre cuando se ha gozado de él. *(Lo suficientemente bajo para no ser oído porAgustín.)* Preguntadle si daría un paso para conservar a este Agustín que hace hoy día sus delicias. En la hipótesis de que quisieran quitárselo, tomaría otro, no pensaría más en éste, y, pronto cansada del nuevo, lo inmolaría ella misma en dos meses si nuevos goces debieran nacer de tal sacrificio.

SRA. DE SAINT-ANGE: Que mi querida Eugenia esté completamente segura de que Dolmancé le explica mi corazón, igual que el de todas las mujeres, como si le hubiéramos abierto sus entretelas.

DOLMANCÉ: La última parte de mi análisis se dirige por tanto a los lazos de la amistad y a los del reconocimiento. Respetemos los primeros, consiento en ello, mientras nos sean útiles; conservemos a nuestros amigos mientras nos sirvan; olvidémoslos desde el momento en que no podamos sacar nada de ellos; a las personas nunca hay que amarlas más que por uno mismo; amarlas por ellas mismas no es más que un engaño; jamás estuvo en la naturaleza inspirar a los hombres otros impulsos, otros sentimientos que los que deben ser buenos para algo; nada es tan egoísta como la naturaleza; seámoslo por tanto también si queremos cumplir sus leyes. En cuanto al reconocimiento, Eugenia, es indudablemente el más débil de todos los lazos. ¿Acaso nos hacen favores los hombres por nosotros mismos? No lo creamos, querida: lo hacen por ostentación, por orgullo. ¿No es humillante, desde ese momento, convertirse así en el juguete del amor propio de los demás? ¿No lo es más todavía tener que estar agradecido por ello? Nada cuesta tanto <u>como un beneficio recibido.</u> Nada de términos medios: o lo devolvemos o nos envilece.

---

[25] En el *Discurso sobre la naturaleza de los animales* (1753). Rousseau también aprovecha esta idea de Buffon para demostrar que la familia no es natural. [Nota del T]

Las almas orgullosas soportan mal el peso del beneficio: pesa sobre ellas con tanta violencia que el único sentimiento que exhalan es el de odio por el bienhechor. ¿Cuáles son ahora, en vuestra opinión, los lazos que sustituyen el aislamiento en que nos ha creado la naturaleza? ¿Cuáles son aquéllos que deben establecer relaciones entre los hombres? ¿A título de qué habríamos de amarlos, de quererlos, de preferirlos a nosotros mismos? ¿Con qué derecho consolaríamos su infortunio? ¿Dónde estará ahora en nuestras almas la cuna de vuestras bellas e inútiles virtudes de beneficencia, de humanidad, de caridad, indicadas en el código absurdo de algunas religiones imbéciles, que, predicadas por impostores o por mendigos, debieron necesariamente aconsejar aquello que podía apoyarlas o tolerarlas? Pues bien, Eugenia, ¿admitís aún algo sagrado entre los hombres? ¿Concebís alguna razón que nos haga preferirlos a ellos en vez de a nosotros?

EUGENIA: Esas lecciones, a las que mi corazón ayuda, me halagan demasiado para que mi espíritu las rechace.

SRA. DE SAINT-ANGE: Están en la naturaleza, Eugenia: basta para demostrarlo la aprobación que les das; apenas brotado de su seno, ¿cómo podría ser lo que sientes fruto de la corrupción?

EUGENIA: Pero si todos los errores que preconizáis están en la naturaleza, ¿por qué se oponen a ello las leyes?

DOLMANCÉ: Porque las leyes no están hechas para lo particular, sino para lo general, lo cual las pone en perpetua contradicción con el interés, dado que el interés personal está enfrentado siempre al interés general. Mas las leyes, buenas para la sociedad, son muy malas para el individuo que la compone; porque para una vez que lo protegen o le ofrecen garantías, lo molestan y lo atan las tres cuartas partes de su vida; por eso el hombre sabio y lleno de desprecio hacia ellas las tolera, como hace con las serpientes y las víboras que, aunque hieren o envenenan, sirven sin embargo a veces en medicina; se protegerá de las leyes como lo hará de estas bestias venenosas; se pondrá a cubierto mediante precauciones, mediante misterios, cosas fáciles para la sabiduría y la prudencia. ¡Ojalá la fantasía de algunos crímenes inflame vuestra alma, Eugenia! ¡Pero estad bien segura de cometerlos sin temor, con vuestra amiga y conmigo!

EUGENIA: ¡Ay, esa fantasía está ya en mi corazón!

SRA. DE SAINT-ANGE: ¿Qué capricho te habita, Eugenia? Dínoslo en confianza.

EUGENIA, *extraviada:* Quisiera una víctima.

SRA. DE SAINT-ANGE: ¿Y de qué sexo la deseas?

EUGENIA: ¡Del mío!

DOLMANCÉ: Y bien, señora, ¿estáis contenta con vuestra alumna? Sus progresos, ¿son suficientemente rápidos?

EUGENIA, *como antes:* ¡Una víctima, querida, una víctima!... ¡Oh, dioses, haría la felicidad de mi vida!...

SRA. DE SAINT ANGE: ¿Y qué le harías?

EUGENIA: ¡Todo!... ¡Todo! Todo lo que pudiera hacerle la más desgraciada de las criaturas. ¡Oh, querida, querida mía, ten piedad de mí, no puedo más!...

DOLMANCÉ: ¡Santo Dios, qué imaginación!... Ven, Eugenia, eres deliciosa... Ven que te bese mil y mil veces. *(La coge en sus brazos.)* Ved, señora, ved, mirad a esta libertina cómo se corre *de cabeza* sin que nadie la toque... ¡Es absolutamente necesario que la dé por el culo una vez más!

EUGENIA: ¿Tendré luego lo que pido? DOLMANCÉ: ¡Sí, loca!... ¡Sí, yo te respondo de ello!

EUGENIA: ¡Oh, amigo mío, aquí está mi culo!... ¡Haced lo que queráis con él!

DOLMANCÉ: Esperad a que disponga este goce de una manera algo lujuriosa. *(Todo se cumple a medida que Dolmancé lo indica.)* Agustín, tiéndete en el borde de esta cama; que Eugenia se acueste en tus brazos; mientras la sodomizo, masturbaré su clítoris con la soberbia cabeza de la polla de Agustín, que, para ahorrar su leche, tendrá cuidado de no correrse; el querido caballero, que sin decir una palabra se la menea suavemente oyéndonos, tendrá a bien tenderse sobre los hombros de Eugenia, exponiendo sus hermosas nalgas a mis besos; yo se la menearé por debajo; es decir, teniendo mi aparato en un culo, menearé una polla con cada mano; y en cuanto a vos, señora, tras haber sido yo vuestro marido, quiero que os convirtáis vos en el mío; ¡poneos el más enorme de vuestros consoladores! *(La Sra. de Saint Ange abre un cofre que está lleno de ellos, y nuestro héroe escoge el más temible.)* ¡Bien! Éste, según el número, tiene catorce pulgadas de largo por diez de contorno; poneos esto a la cintura, señora, y dadme ahora los golpes más terribles.

SRA. DE SAINT-ANGE: Estáis loco, Dolmancé, de veras, y voy a reventaros con esto.

DOLMANCÉ: No temáis nada; empujad, penetrad, ángel mío; yo no encularé a vuestra querida Eugenia hasta que vuestro enorme miembro esté bien dentro en mi culo... ¡Ya está! ¡Ya está, santo Dios!... ¡Ay, me pones en las nubes!... ¡Nada de piedad, hermosa mía!... Te lo advierto, voy a joder tu culo sin prepararlo... ¡Santo Dios, qué hermoso trasero!...

EUGENIA: ¡Oh, amigo mío, me desgarras!... Prepara por lo menos el camino.

DOLMANCÉ: Me guardaré mucho de ello: se pierde la mitad del placer con esas tontas atenciones. Piensa en nuestros principios, Eugenia; trabajo para mí; ¡ahora, víctima un momento, ángel mío, y al cabo de un instante perseguidora!... ¡Ay, santo Dios!... ¡Entra!...

EUGENIA: ¡Me matas!...

DOLMANCÉ: ¡Rediós! ¡He llegado al fondo!

EUGENIA: ¡Ay, ahora puedes hacer lo que quieras!... Ya está ahí..., ¡no siento más que placer!...

DOLMANCÉ: ¡Cuánto me gusta menear esta gruesa polla encima del clítoris de una virgen!... Tú, caballero, ponme buen culo... ¿Te la meneo bien, libertino?... Y vos, señora, jodedme, follad a vuestra puta..., sí, lo soy y quiero serlo... Eugenia, ¡córrete, sí, ángel mío, córrete!... Agustín, a pesar suyo, me llena de leche... Yo recibo la del culo del caballero, la mía se une a ella... No resisto más... Eugenia, agita tus nalgas, que tu ano presione mi polla; voy a lanzar al fondo de tus entrañas la leche ardiente que se exhala... ¡Ay, jodido bujarrón de dios! ¡Me muero! *(Se retira, la postura se rompe.)* Mirad, señora, ahí tenéis a vuestra pequeña libertina llena todavía de leche; la entrada de su coño está inundada; masturbadla, frotad vigorosamente su clítoris todo mojado de esperma; es una de las cosas más deliciosas que se pueden hacer.

EUGENIA, *palpitante:* ¡Ay, amiga, qué placer me darías! ¡Ay, querido amor, ardo de lubricidad! *(Se colocan en esa postura.)*

DOLMANCÉ: Caballero, como eres tú quien va a desflorar a esta hermosa niña, ayuda a tu hermana para que se pasme en tus brazos, y en esa postura ofréceme las nalgas: voy a joderte mientras Agustín me encula. *(Todo se dispone así.)*

EL CABALLERO: ¿Estoy bien de esta manera?

DOLMANCÉ: Un poco más arriba el culo, amor mío; ahí, bien..., sin preparación, caballero...

EL CABALLERO: ¡A fe que como tú quieras! ¿Puedo sentir otra cosa que placer en el seno de esta muchacha? *(La besa y la masturba, hundiéndole ligeramente un dedo en el coño, mientras la Sra. de Saint Ange acaricia el clítoris de Eugenia.)*

DOLMANCÉ: En cuanto a mí, querido, te aseguro que saco mucho más contigo de lo que saqué con Eugenia; ¡tanta diferencia es la que hay entre el culo de un muchacho y el de una muchacha!... ¡Dame por el culo, Agustín! ¡Cuánto tardas en decidirte!

AGUSTÍN: ¡Maldita zea! ¡Zeñorez, ez que acaba de corrérzeme ahí juntito a enta gentil tortolita, y quereiz que ahora ze ponga tieza en zeguida para vueztro culo, que no ez tan bonito, maldita zea!

DOLMANCÉ: ¡Imbécil! Pero, ¿por qué quejarse? Es la naturaleza: cada cual predica para su santo. Vamos, vamos, sigue penetrando, verídico Agustín; y cuando tengas algo más de experiencia, ya me dirás si no valen más los culos que los coños... Eugenia, devuelve al caballero lo que él te hace; preocúpate sólo de ti: tienes razón, libertina; pero en interés mismo de tus placeres, menéasela, puesto que va a ser él quien coja tus primicias.

EUGENIA: Y bien que se la meneo, le beso, pierdo la cabeza... ¡Ají! ¡Ají! ¡Ají!, amigos míos, no puedo más... ¡Tened piedad de mi estado..., me muero..., me corro!... ¡Santo Dios! ¡Estoy fuera de mí!...

DOLMANCÉ: Yo en cambio seré prudente. Sólo pretendía poner en trance este hermoso culo; guardo para la Sra. de Saint-Auge la leche acumulada: nada me divierte tanto como empezar en un culo la operación que quiero terminar en otro. ¡Y bien, caballero, ya estás a punto!... ¿La desfloramos?

EUGENIA: ¡Oh, cielos, no, no quiero que me lo haga él, moriría! El vuestro es más pequeño, Dolmancé; ¡que sólo a vos deba yo esta operación, os lo suplico!

DOLMANCÉ: Es imposible, ángel mío; nunca en mi vida he jodido un coño; me permitiréis que no empiece a mi edad. Vuestras primicias pertenecen al caballero; sólo él es digno de cogerlas: no le quitemos sus derechos...

SRA. DE SAINT-ANGE: ¡Rechazar una desfloración... tan fresca, tan linda como ésta, porque desafío a que alguien diga que mi Eugenia no es la muchacha más hermosa de París! ¡Oh, señor!..., señor, de veras, ¡eso es lo que se dice atenerse demasiado a sus principios!

DOLMANCÉ: No tanto como debiera, señora, porque estoy seguro de que muchos de mis cofrades no os la meterían por el culo... Yo lo he hecho y volveré a hacerlo; no es, por tanto, como suponéis, llevar mi culto hasta el fanatismo.

SRA. DE SAINT-ANGE: Adelante, pues, caballero; pero ten cuidado; mira la pequeñez del estrecho que vas a enfilar: ¿hay alguna proporción entre el contenido y el continente?

EUGENIA: ¡Oh, moriré, eso es inevitable!... Pero el ardiente deseo que tengo de ser jodida me hace atreverme a todo sin temer nada... Vamos, penetra, querido, a ti me entrego.

EL CABALLERO, *sosteniendo con toda la mano su polla tiesa:* ¡Sí, joder! ¡Es necesario que penetre!... Hermana mía, Dolmancé, sostenedle cada uno una pierna... ¡Ah, santo Dios! ¡Qué empresa!... ¡Sí, sí, aunque tenga que atravesarla, aunque tenga que desgarrarla, es preciso, rediós, pasar por ello!

EUGENIA: ¡Despacio, más suave, no puedo aguantar!... *(Ella grita; las lágrimas corren por sus mejillas...)* ¡Socorro! ¡Querida amiga!... *(Se debate.)* ¡No, no quiero que entre! ¡Si seguís, gritaré que me están asesinando!...

EL CABALLERO: Grita cuanto quieras, pequeña bribona, te digo que tiene que entrar, aunque hayas de reventar mil veces.

EUGENIA: ¡Qué barbarie!

DOLMANCÉ: ¡Ah, joder! ¿Puede ser uno delicado cuando la tiene tiesa?

EL CABALLERO: ¡Miradla! ¡Ya está! ¡Ya está, santo dios!... ¡Joder! ¡Vaya virginidad del diablo!... ¡Mirad cómo corre su sangre!

EUGENIA: ¡Anda, tigre!... ¡Anda, desgárrame si quieres, ahora me río!... ¡Bésame, verdugo, bésame, te adoro!... ¡Ay, una vez que está dentro no es nada!: todos los dolores se olvidan... ¡Pobres de las jóvenes que se asusten ante semejante ataque!... ¡Qué grandes placeres rechazarían por un pequeño dolor!... ¡Empuja! ¡Empuja, caballero, que me corro!... Rocía con tu leche las llagas con que me has cubierto..., empújala hasta el fondo de mi matriz... ¡Ay, el dolor cede ante el placer, estoy a punto de desvanecerme!... *(El caballero descarga; mientras él jodía, Dolmancé le ha sobado el culo y los cojones, y la Sra. de Saint Ange acariciaba el clítoris de Eugenia. La postura se deshace.)*

DOLMANCÉ: Mi parecer es que, mientras estén abiertos los caminos, Agustín joda inmediatamente a la pequeña bribona.

EUGENIA: ¡Por Agustín!... ¡Una polla de ese tamaño!... ¡Hala, venga, deprisa!... ¡Ahora que todavía sangro!... ¿Tenéis ganas de matarme?

SRA. DE SAINT-ANGE: Amor mío, bésame..., te compadezco..., pero la sentencia se ha pronunciado y es inapelable, corazón mío: tienes que sufrirla.

AGUSTÍN: ¡Ay, jardinero, ya eztoy preparado! ¡Cuando ze trata de trincar a ezta niñita, vendría, pordioz, dezde Roma a piez.

EL CABALLERO, *empuñando la enorme polla de Agustín:* ¡Mira, Eugenia, mira qué tiesa está!... Es digna de sustituirme.

EUGENIA: ¡Ay, santo cielo, qué garrote!... ¡Queréis matarme, eso está claro!...

AGUSTÍN, *apoderándose de Eugenia:* ¡Que no, zeñorita: ezo no ha hecho nunca morir a nadie. DOLMANCÉ: ¡Un momento, hijo, un momento!: tienes que ofrecerme el culo mientras la jodes... Sí, así, acercaos, señora de Saint-Ange: os he prometido encularos, y mantendré mi palabra; pero colocaos de modo que al joderos esté en condiciones de azotar a Eugenia. ¡Mientras tanto, que el caballero me azote! *(Se colocan.)*

EUGENIA: ¡Ay, joder! ¡Me revienta!... ¡Camina despacio, gran payaso!... ¡Ay, el bujarrón! ¡Cómo clava!... ¡Ya ha llegado, el jodido!... ¡Ya ha llegado al fondo!... ¡Me muero!... ¡Oh, Dolmancé, cómo golpeáis!... Es encenderme por dos partes; me ponéis al rojo las nalgas.

DOLMANCÉ, *azotando con toda su fuerza:* ¡Lo tendrás..., lo tendrás, pequeña bribona!... ¡Así te correrás más deliciosamente! ¡Cómo la masturbáis, Saint-Ange..., cómo debe de endulzar ese ligero dedo los males que Agustín y yo le hacemos!... Pero vuestro ano se aprieta... Ya lo veo, señora, vamos a corrernos al mismo tiempo... ¡Ay, qué divino estar así entre el hermano y la hermana!

SRA. DE SAINT-ANDE, *a Dolmancé:* ¡Jode, sol mío, jode!... Creo que nunca tuve tanto placer.

EL CABALLERO: Dolmancé, cambiemos de mano; pasa rápidamente del culo de mi hermana al de Eugenia, para hacerle conocer los placeres de estar entre dos, y yo encularé a mi hermana que, mientras tanto, devolverá sobre tus nalgas los golpes de verga con que acabas de ensangrentar las de Eugenia.

DOLMANCÉ, *haciéndolo:* Acepto... Mira, amigo mío, ¿puede hacerse un cambio más rápido que éste?

EUGENIA: ¡Cómo! ¡Los dos sobre mí, santo cielo!... No sé a cuál atender; tenía bastante con este ganso... ¡Ay, cuánta leche me va a costar este doble goce!... Ya corre. Sin esta sensual eyaculación, creo que estaría ya muerta... Vaya, amiga mía, ¿me imitas? ¡Oh, cómo jura la bribona!... Dolmancé..., córrete, córrete..., amor mío..., este rudo campesino me inunda: me lo lanza al fondo de mis entrañas... ¡Ay, jodedores míos!, ¡cómo! ¡Los dos a la vez, santo cielo!... Amigos míos, recibid mi leche: se une a la vuestra... Estoy anonadada... *(La postura se rompe.)* Y bien, querida, ¿estás contenta con tu alumna?... ¿Ahora soy lo suficientemente puta?... Pero me habéis puesto en un estado..., en una agitación... ¡Oh, sí, juro que, en la embriaguez en que me encuentro, si fuera preciso llegaría a hacerme joder en medio de las calles!...

DOLMANCÉ: ¡Qué bella está así!

EUGENIA: ¡Os detesto, me habéis rechazado!...

DOLMANCÉ: ¿Podía acaso contrariar mis dogmas?

EUGENIA: Entonces, os perdono, y debo respetar los principios que llevan a los extravíos. ¡Cómo no había de adoptarlos yo, que sólo quiero vivir en el crimen? Sentémonos y charlemos un instante: no puedo más. Proseguid mi instrucción, Dolmancé, y decidme algo que me consuele de los excesos a que me he entregado; apagad mis remordimientos; alentadme.

SRA. DE SAINT-ANGE: Es justo; es preciso que un poco de teoría suceda a la práctica; es el medio de hacer una alumna perfecta.

DOLMANCÉ: ¡Bueno! ¿Cuál es el objeto, Eugenia, sobre el que queréis que os instruya? EUGENIA: Me gustaría saber si las costumbres son verdaderamente necesarias a un gobierno, si su influencia tiene algún peso sobre el genio de la nación.

DOLMANCÉ: ¡Ah, pardiez! Al salir de casa esta mañana, he comprado en el Palacio de la Igualdad[26] un folleto que, de creer al título, debe de responder necesariamente a vuestra pregunta... Acaba de salir de las prensas.

SRA. DE SAINT ANGE: Veamos. *(Lee.) Franceses, un esfuerzo más si queréis ser republicanos.* A fe que es un título singular: promete mucho; caballero, tú que posees una hermosa voz, léenos esto.

DOLMANCI: O mucho me equivoco o debe de responder perfectamente a la pregunta de Eugenia. EUGENIA: ¡Desde luego!

SRA. DE SAINT-ANGE: Agustín, esto a ti no te incumbe; pero no te alejes; tocaremos la campanilla cuando sea preciso que vengas.

EL CABALLERO: Empiezo.

*FRANCESES, UNESFUERZO MÁS
SI QUERÉIS SER REPUBLICANOS*

---

[26] El Palais Royal; la alusión apunta a Philippe Egalité. [Nota del T]

La religión

Vengo a ofrecer grandes ideas; las escucharán, serán pensadas; si no todas agradan, al menos algunas quedarán; habré contribuido algo al progreso de las luces, y con ello quedaré satisfecho. No lo oculto, veo con pena la lentitud con que tratamos de llegar a la meta; con inquietud siento que estamos en vísperas de no alcanzarla una vez más. ¿Cree alguien que esa meta se alcanza cuando nos hayan dado leyes? Que nadie lo crea. ¿Qué haríamos con las leyes, sin religión? Necesitamos un culto, y un culto hecho para el carácter de un republicano, muy alejado de poder continuar el de Roma. En un siglo en que estamos tan convencidos de que la religión debe apoyarse en la moral, y no la moral en la religión, se necesita una religión que vaya con las costumbres, que sea algo así como su desarrollo, como su necesaria secuela, y qué, elevando el alma, pueda mantenerla perpetuamente a la altura de esa libertad preciosa que constituye hoy día su único ídolo. Ahora bien, yo pregunto si puede suponerse que la de un esclavo de Tito, la de un vil histrión de Judea, puede convenir a una nación libre y guerrera que acaba de regenerarse. No, compatriotas míos, no, no lo creáis. Si, por desgracia para él, el francés volviera a sepultarse en las tinieblas del cristianismo, por un lado el orgullo, la tiranía y el despotismo de los sacerdotes, vicios que siempre renacen en esa horda impura; por otro la bajeza, la estrechez de miras, la insulsez de los dogmas y de los misterios de esa indigna y fabulosa religión, debilitando la altivez del alma republicana, la pondrían pronto bajo el yugo que su energía acaba de romper.

No perdamos de vista que esta pueril religión era una de sus mejores armas en manos de nuestros tiranos: uno de sus primeros dogmas era *dar al César lo que es del César,-* pero nosotros hemos destronado a César y no queremos darle nada. Franceses, sería vano jactarse de que el espíritu de un clero que ha jurado la constitución no es el de un clero refractario; siempre hay vicios de estado que nunca pueden corregirse. Antes de diez años[27], en medio de la religión cristiana, de su superstición, de sus prejuicios, vuestros sacerdotes, pese a su juramento, pese a su pobreza, volverían a poseer el imperio de las almas que habían invadido; volverían a encadenaros a los reyes, porque el poder de éstos siempre apuntaló el de aquéllos, y vuestro edificio republicano, falto de bases, se derrumbaría.

Oh, vosotros que tenéis la hoz en la mano, propinad el último golpe al árbol de la superstición: no os contentéis con podar las ramas: desarraigad por entero una planta cuyos efectos son tan contagiosos; debéis estar totalmente convencidos de que vuestro sistema de libertad y de igualdad contraría demasiado abiertamente a los ministros de los altares de Cristo para que haya alguna vez uno solo que la adopte de buena fe o no busque con moverlo si consigue recuperar algún dominio sobre las conciencias. ¡Qué sacerdote, comparando el estado a que acaban de reducirle con el que antes gozaba, no ha de hacer cuanto de él dependa para recuperar no sólo la confianza, sino también la autoridad que le han hecho perder? ¿Y cuántos seres débiles y pusilánimes no se volverán pronto esclavos de este ambicioso tonsurado? ¿Por qué no se piensa que los inconvenientes que han existido pueden renacer aún? En la infancia de la Iglesia cristiana, Vieran los sacerdotes lo que son hoy? Ya veis adónde habían llegado; sin

---

[27] No tardaría tanto: El Concordato en 1801, y el Imperio en 1804. [Nota del T.]

embargo, quién los había conducido allí? ¿No fueron los medios que les proporcionaba la religión? Ahora bien, si no la prohibís completamente, a esa religión y a quienes la predican, contando siempre con los mismos medios llegarán pronto al mismo fin.

Aniquilad, pues, para siempre todo lo que un día puede destruir vuestra obra. Pensad que estando el fruto de vuestros trabajos reservado sólo a vuestros nietos, es deber vuestro, probidad vuestra, no dejar ni uno de estos gérmenes peligrosos que podrían volverles a sumir en el caos de que con tanto esfuerzo hemos salido. Ya se disipan nuestros prejuicios, ya el pueblo abjura los absurdos católicos; ha suprimido los templos, ha derribado los ídolos, está decidido a que el matrimonio sea sólo un acto civil; los confesionarios rotos sirven en los fogones públicos; los pretendidos fieles, al desertar del banquete católico, dejan los dioses de harina a los ratones. Franceses, no os detengáis: Europa entera, con una mano puesta en la venda que fascina sus ojos, espera de vosotros el esfuerzo que debe arrancarla de su frente. Daos prisa: no deis *a la santa Roma,* que se agita en todas direcciones para reprimir vuestra energía, el tiempo de conservar quizás algunos prosélitos. Golpead sin miramientos su cabeza altiva y temblorosa, y que antes de dos meses el árbol de la libertad, dando sombra a los despojos de la cátedra de san Pedro, cubra con el peso de sus ramas victoriosas todos estos despreciables ídolos del cristianismo, descaradamente alzados sobre las cenizas tanto de los Catones como de los Brutos.

Franceses, os lo repito, Europa espera de vosotros verse libre a un tiempo del *cetro* y del *incensario.* Pensad que es imposible librarla de la tiranía monárquica sin romper al mismo tiempo los frenos de la superstición religiosa: los lazos de la una están demasiado íntimamente ligados a la otra para que, si dejáis subsistir una de las dos, no volváis a caer pronto bajo el imperio de lo que habríais descuidado disolver. No es ni ante las rodillas de un ser imaginario ni ante las de un vil impostor ante lo que un republicano debe arrodillarse; sus únicos dioses deben ser ahora el *valor* y la *libertad.* Roma desapareció cuando se predicó el cristianismo, y Francia está perdida si en ella se lo venera todavía.

Examinad con atención los dogmas absurdos, los misterios espantosos, las ceremonias monstruosas, la moral imposible de esa repugnante religión, y ved si puede convenir a una república. ¿Creéis de buena fe que me iba a dejar yo dominar por la opinión de un hombre al que acabo de ver a los pies del imbécil sacerdote de Jesús? ¡No, desde luego que no! Ese hombre, siempre vil, tenderá siempre, por su bajeza de miras, a las atrocidades del antiguo régimen; desde el momento en que ha podido someterse a las estupideces de una religión tan insulsa como teníamos la locura de admitir, ya no puede ni dictarme leyes ni transmitirme luces; no le veo más que como un esclavo de los prejuicios y de la superstición.

Pongamos los ojos, para convencernos de esta verdad, sobre los pocos individuos que permanecen adictos a ese culto insensato de nuestros padres; veremos entonces si no son todos enemigos irreconciliables del sistema actual, veremos si no es en su número donde está totalmente comprendida esa casta, tan justamente despreciada, de *realistas* y de *aristócratas.* Que el esclavo de un bergante coronado se arrodille, si quiere, a los pies de un ídolo de pasta: ese objeto está hecho para su alma de barro; ¡quien puede servir a reyes debe adorar a dioses! Pero nosotros, franceses, nosotros, compatriotas míos, nosotros, ¿arrastrarnos todavía humildemente bajo frenos tan despreciables? ¡Antes morir mil veces que ser esclavos de nuevo! Puesto que creemos necesario un culto, imitemos el de los romanos: las acciones, las pasiones, los héroes, esos sí que eran objetos respetables. Tales ídolos sublimaban el alma, la electrizaban; hacían más: le comunicaban las virtudes del ser respetado. El adorador de Minerva quería ser prudente. El valor estaba en el corazón de aquél al que se veía a los pies de Marte. Ni un solo dios de estos grandes hombres estaba privado de energía; todos transmitían el fuego en que ellos mismos se abrasaban al alma de quien los veneraba; y como tenían la esperanza de ser adorados también ellos un día, aspiraban a volverse al menos tan grandes como aquellos a los que tomaban por modelo. ¿Qué encontramos en cambio en los vanos dioses del cristianismo? ¿Qué os ofrece, pregunto, esa imbécil religión[28]? El insulso impostor de Nazaret[29] ¿provoca en vosotros el nacimiento de alguna gran idea? Su sucia y repugnante madre, la impúdica María, ¿os inspira algunas virtudes? ¿Y encontráis en los santos con que han adornado su Elíseo algún modelo de grandeza, o de heroísmo, o de virtudes? Es tan cierto que esa estúpida religión no presta nada a las grandes ideas, que ningún artista puede emplear sus atributos en los monumentos que alza; en Roma mismo, la mayoría de los adornos y ornamentos del palacio de los papas tiene sus modelos en el paganismo, y, mientras el mundo subsista, sólo él encenderá el verbo de los grandes hombres.

¿Será en el teísmo[30] puro donde encontraremos más motivos de grandeza y de elevación? ¿Será en la adopción de una quimera que, dando a nuestra alma ese grado de energía esencial a las virtudes republicanas, llevará al hombre a amarlas o a practicarlas? Ni lo soñéis; estamos de vuelta de ese fantasma, y ahora el ateísmo es el único sistema de todas las personas que saben razonar. A medida que las luces ilustran se ha comprendido que, por ser inherente el movimiento a la materia, el agente necesario para imprimir ese movimiento se convertía en un ser ilusorio y que, por tener que estar todo cuanto existe en movimiento por esencia, el motor era inútil; se ha comprendido que ese dios quimérico, prudentemente inventado por los primeros legisladores, no era entre sus manos otro medio más para encadenarnos y que, reservándose el derecho de hacer hablar sólo ellos a ese fantasma, podían muy bien hacerle decir sólo aquello que apoyaba las leyes ridículas con que pretendían esclavizarnos. Licurgo, Numa, Moisés, Jesucristo, Mahoma, todos esos grandes bribones, todos esos grandes déspotas de nuestras ideas, supieron asociar las divinidades que fabricaban a su desmesurada ambición, y seguros de cautivar a los pueblos con la sanción de tales dioses, tuvieron - cuidado siempre, como se sabe, de interrogarlos sólo a propósito, o de hacerles responder únicamente aquello que creían que podía servirles.

Despreciemos por tanto hoy día tanto el vano dios que los impostores han predicado como todas las sutilezas religiosas que se desprenden de su ridícula adopción; no es con

---

[28] Si alguien examina atentamente esta religión, encontrará que las impiedades de que está llena proceden en parte de la ferocidad y de la inocencia de los judíos, y en parte de la indiferencia y de la confusión de los gentiles; en lugar de asumir lo que los pueblos de la Antigüedad tenían de bueno, los cristianos parecen haber hecho su religión con la mezcla de los vicios que encontraron por todas partes.

[29] Quizá Sade piensa en un texto anónimo titulado *Traité des trois Imposteurs,* referido a Moisés, Jesús y Mahoma, que se había publicado en 1768. [Nota del T.]

[30] Sade no parece hacer distinción entre *teísmo y deísmo*: el primero admite la posibilidad de Revelación. [Nota del T]

69

ese sonajero como se puede divertir ya a hombres libres. Que la extinción total de los cultos figure, por lo tanto, en los principios que propaguemos a toda Europa. No nos contentemos con romper los cetros, pulvericemos por siempre los ídolos: no hubo nunca más que un paso de la superstición a la realeza[31]. Indudablemente hubo de ser así, puesto que uno de los primeros artículos de la consagración de los reyes era siempre el mantenimiento de la religión dominante como una de las bases políticas que mejor debían sostener su trono. Pero, desde el momento en que ese trono ha sido abatido, desde que lo ha sido felizmente para siempre, no temamos extirpar de igual modo lo que constituía su sostén.

Sí, ciudadanos, la religión es incoherente con el sistema de la libertad; lo habéis notado. El hombre libre jamás se inclinará ante los dioses del cristianismo; jamás sus dogmas, jamás sus ritos, sus misterios o su moral convendrán a un republicano. Un esfuerzo más; puesto que trabajáis por destruir todos los prejuicios, no dejéis subsistir ninguno, porque basta uno sólo para volver a traerlos todos. ¡Y cuánto más seguros no debemos estar de su retorno si el que dejáis vivir es positivamente la cuna de todos los demás! Basta de creer que la religión pueda ser útil al hombre. Tengamos buenas leyes, y podremos prescindir de la religión. Pero se necesita una para el pueblo, dicen; lo divierte, lo contiene. ¡En buena hora! Dadnos pues, en ese caso, la que conviene a los hombres libres. Devolvednos los dioses del paganismo. De buena gana adoraremos a Júpiter, a Hércules o a Palas; pero ya no queremos al fabuloso autor de un universo que se mueve por sí mismo; no queremos ya a un dios sin extensión y que, sin embargo, llena todo con su inmensidad, un dios todopoderoso que no cumple nunca lo que desea, un ser soberanamente bueno que no hace más que descontentos, un ser amigo del orden y por cuyo gobierno todo está en desorden. No, no queremos ya un dios que perturba la naturaleza, que es el padre de la confusión, que mueve al hombre en el momento en que el hombre se entrega a los horrores; tal dios nos hace estremecernos de indignación, y lo relegamos por siempre al olvido, del que el infame Robespierre[32] ha querido sacarlo[33].

Franceses; sustituyamos ese indigno fantasma por los imponentes simulacros que hacían a Roma dueña del universo; tratemos a todos los ídolos cristianos como hemos tratado a los de nuestros reyes. Hemos vuelto a poner los emblemas de la libertad sobre las bases que sostenían antaño a los tiranos; reedifiquemos igualmente la efigie de los grandes hombres sobre los pedestales de esos polizontes adorados por el cristianismo[34]. Dejemos de temer el efecto del ateísmo en nuestros campos; ¿no han

---

[31] Seguid la historia de todos los pueblos: nunca los veréis cambiar el gobierno que tenían por un gobierno monárquico, a no ser por el embrutecimiento en que la superstición los mantiene; siempre veréis a los reyes apuntalar la religión, y a la religión consagrar a los reyes. Es de sobra conocida la historia del intendente y del cocinero: *Pasadme la pimienta, y yo os pasaré la mantequilla.* ¡Infortunados humanos!, ¿estáis destinados para siempre a pareceros al amo de esos dos bribones?

[32] Robespierre fue guillotinado el 10 Termidor de 1794, precisamente el mismo día en que Sade salió de la cárcel. [Nota del T.]

[33] Todas las religiones coinciden en ponderarnos la sabiduría y el poder íntimo de la divinidad; pero cuando nos exponen su conducta no encontramos más que imprudencia, debilidad y locura. Dios, dicen, ha creado el mundo para sí mismo, y hasta ahora no ha podido conseguir que se le honre convenientemente; Dios nos ha creado para adorarle, y pasamos nuestra vida burlándonos de él. ¡Qué pobre diablo ese dios!

sentido los campesinos necesidad del aniquilamiento del culto católico, tan contradictorio con los verdaderos principios de la libertad? ¿No han visto sin temor, y sin dolor, derrocar sus altares y sus presbiterios? ¡Ah! Creed que del mismo modo renunciarán a su ridículo dios. Las estatuas de Marte, de Minerva y de la Libertad serán colocadas en los lugares más ostentosos de sus casas; allí celebrarán una fiesta todos los años; se otorgará la corona cívica al ciudadano que más lo haya merecido de la patria. A la entrada de un bosque solitario, Venus, el Himeneo y el Amor, levantados bajo un templo agreste, recibirán el homenaje de los amantes; será allí donde, por la mano de las Gracias, la belleza coronará a la constancia. No bastará con amar para ser digno de esta corona, será preciso haber merecido serlo: el heroísmo, los talentos, la humanidad, la grandeza de alma, un civismo a toda prueba, éstos son los títulos que se verá obligado a poner el amante a los pies de su amada, y valdrán más que los del nacimiento y de la riqueza que un tonto orgullo exigía antaño. Por lo menos, de ese culto saldrán algunas virtudes, mientras que del que hemos tenido sólo nace la debilidad de profesar crímenes. Este culto se aliará con la libertad a que servimos; la animará, la mantendrá, la encenderá, mientras que el teísmo es por esencia y por naturaleza el enemigo más mortal de la libertad a que nosotros servimos. ¿Costó una gota de sangre cuando los ídolos paganos fueron destruidos en el Bajo Imperio? La revolución, preparada por la estupidez de un pueblo esclavizado, se realizó sin el menor obstáculo. ¿Cómo podemos temer que la obra de la filosofía sea más penosa que la del despotismo? Son únicamente los sacerdotes los que todavía encadenan a los pies de su quimérico dios a este pueblo que tanto teméis iluminar; alejadlos de él y el velo caerá naturalmente. Creed que ese pueblo, mucho más sabio de lo que imagináis, liberado de los hierros de la tiranía, lo estará muy pronto de los de la superstición. Vosotros lo teméis si no tiene ese freno: ¡qué extravagancia! ¡Ah! ¡Creedlo, ciudadanos, aquel a quien la espada material de las leyes no detiene tampoco se detendrá por el temor moral de los suplicios del infierno, de los que se burla desde su infancia. En una palabra, vuestro teísmo ha hecho cometer muchas fechorías, pero jamás ha evitado una sola. Si es cierto que las pasiones ciegan, que su efecto es tender ante nuestros ojos una nube que nos oculte los peligros de que están rodeadas, ¿cómo podemos suponer que los que están lejos de nosotros, como lo están los castigos anunciados por vuestro dios, puedan llegar a disipar esa nube que no disuelve siquiera la espada de las leyes, siempre suspendida sobre las pasiones? Por tanto, si está demostrado que este suplemento de frenos impuesto por la idea de un dios se vuelve inútil, si está probado que es peligroso por sus demás efectos, pregunto: ¿para qué puede, pues, servir, y en qué motivos hemos dé apoyarnos para prolongar su existencia? ¿Se me dirá que no estamos bastante maduros para consolidar aún nuestra revolución de una manera tan manifiesta? ¡Ah, conciudadanos míos, el camino que hemos recorrido desde el 89 era de otro tipo de dificultades que el que nos queda por recorrer, y hemos de trabajar sobre la opinión, para lo que os propongo, mucho menos de lo que la hemos atormentado en todos los sentidos desde la época de la caída de la Bastilla. Creemos que un pueblo lo bastante prudente, lo bastante valiente para conducir a un monarca impúdico desde la cima de las grandezas a los pies del cadalso; que un pueblo que en estos pocos años ha sabido vencer tantos prejuicios, que ha sabido romper tantos frenos ridículos, lo será de sobra

[34] Aquí sólo tratamos de aquellos cuya reputación se halla establecida hace mucho tiempo.

para inmolar, para bien y prosperidad de la república, un fantasma mucho más ilusorio de lo que podía serlo el de un rey.

Franceses, vosotros daréis los primeros golpes; vuestra educación nacional[35] hará el resto; pero pongámonos pronto a la tarea; que se convierta en uno de vuestros cuidados prioritarios; que tenga ante todo por base esa moral esencial, tan descuida da en la educación religiosa. Reemplazad las tonterías deíficas, con que fatigáis los jóvenes órganos de vuestros hijos, por excelentes principios sociales; que en lugar de aprender a recitar fútiles plegarias que tendrán a gloria olvidar cuando tengan dieciséis años, sean instruidos en sus deberes para con la sociedad; enseñadles a amar las virtudes de que apenas les hablabais antaño y que, sin vuestras fábulas religiosas, bastan para su felicidad individual; hacedles sentir que esa felicidad consiste en hacer a los demás tan afortunados como nosotros mismos deseamos serlo. Si colocáis esas verdades sobre las quimeras cristianas, como antaño cometíais la locura de hacerlo, apenas hayan reconocido vuestros alumnos la futilidad de las bases, harán derrumbarse el edificio y se convertirán en malvados sólo porque creerán que la religión que han derribado les prohibía serlo. Haciéndoles sentir en cambio la necesidad de la virtud únicamente porque su propia felicidad depende de ella, serán personas honestas por egoísmo, y esta ley que rige a todos los hombres será siempre la más segura de todas. Evítese, por tanto, con el mayor cuidado, mezclar ninguna fábula religiosa a esta educación nacional. No perdamos nunca de vista que son hombres libres lo que queremos formar y no viles adoradores de un dios. Que un filósofo sencillo enseñe a estos nuevos alumnos las sublimidades incomprensibles de la naturaleza, que les pruebe que el conocimiento de un dios, muy peligroso a menudo para los hombres, jamás sirve a su felicidad, y que no serán más felices admitiendo como causa de lo que no comprenden algo que comprenden aún menos; que es mucho menos esencial entender la naturaleza que gozar de ella y respetar sus leyes; que estas leyes son tan sabias como simples; que están escritas en el corazón de todos los hombres y que basta con preguntar a ese corazón para discernir sus impulsos. Si quieren que por encima de todo les habléis de un creador, responded que, habiendo sido siempre las cosas lo que son, no habiendo tenido comienzo jamás y no debiendo tener nunca fin, le resulta tan inútil como imposible al hombre poder remontarse a un origen imaginario que no explicaría nada y que nada cambiaría. Decidles que es imposible para los hombres tener ideas verdaderas de un ser que no actúa sobre ninguno de nuestros sentidos.

Todas nuestras ideas son representaciones de objetos que nos llaman la atención; ¿cuál puede representarnos la idea de Dios, que evidentemente es una idea sin objeto? Una idea semejante, añadiréis, ¿no es tan imposible como los efectos sin causa? Una idea sin prototipo ¿es algo más que una quimera? Algunos doctores, proseguiréis, aseguran que la idea de Dios es innata, y que los hombres tienen esa idea desde el vientre de su madre. Pero esto es falso, añadiréis; todo principio es un juicio, todo juicio es el efecto de la experiencia, y la experiencia sólo se adquiere mediante el ejercicio de los sentidos; de donde se sigue que los principios religiosos no se refieren evidentemente a nada y no son en modo alguno innatos. ¿Cómo, proseguiréis, ha podido persuadirse a seres razonables de que la cosa más difícil de comprender era la más esencial para ellos? Es que les han asustado mucho; es que, cuando se tiene miedo, se

[35] La fundación de la École Normale es contemporánea de la redacción del libro por Sade (1795). [Nota del T.]

72

cesa de razonar; es que, sobre todo, les han recomendado desconfiar de su razón, y, cuando el cerebro está turbado, se cree todo y no se analiza nada. La ignorancia y el miedo, seguiréis diciéndoles, he ahí las dos bases de todas las religiones. La incertidumbre en que el hombre se encuentra en relación a su Dios es precisamente el motivo que lo vincula a su religión. El hombre tiene miedo, tanto físico como moral, en las tinieblas; el miedo se vuelve habitual en él y se convierte en necesidad; creería que le falta algo si no tuviera nada que esperar o que temer[36]. Volved luego a la utilidad de la moral: dadles sobre ese gran tema muchos más ejemplos que lecciones, muchas más pruebas que libros, y haréis buenos ciudadanos; haréis buenos guerreros, buenos padres, buenos esposos; haréis hombres tan unidos a la libertad de su país que ninguna idea de servidumbre podrá presentarse ya a su espíritu, que ningún terror religioso vendrá a turbar su genio. Entonces el verdadero patriotismo estallará en todas las almas; reinará con toda su fuerza y con toda su pureza, porque se convertirá en el único sentimiento dominante, y ninguna idea extraña debilitará su energía; entonces, vuestra segunda generación está segura y vuestra obra, consolidada por ella, se convertirá en ley del universo. Pero si, por temor o pusilanimidad, no son seguidos estos consejos, si se deja subsistir las bases del edificio que se había creído destruir, ¿qué ocurrirá? Se volverá a construir sobre esas bases, y se colocarán en ellas los mismos colosos, con la cruel diferencia de que esta vez serán cimentadas con tal fuerza que ni vuestra generación ni las que la sigan lograrán derribarlas.

Que nadie dude de que las religiones son la cuna del despotismo; el primero de todos los déspotas fue un sacerdote; el primer rey y el primer emperador de Roma, Numa y Augusto, se asocian uno y otro al sacerdocio; Constantino y Clodoveo fueron antes abades que soberanos; Heliogábalo fue sacerdote del Sol. Desde todos los tiempos, en todos los siglos, hubo entre el despotismo y la religión tal conexión que está demostrado de sobra que, al destruir el uno, se debe zapar al otro, por la sencilla razón de que el primero servirá siempre de ley al segundo. No propongo, sin embargo, ni matanzas ni deportaciones: todos estos horrores están demasiado lejos de mi alma para osar concebirlos un minuto siquiera. No, no asesinéis, no desterréis: esas atrocidades son propias de los reyes o de los malvados que los imitaron; no será obrando igual que ellos como obligaréis a sentir horror por quienes las ejercían. Sólo hemos de emplear la fuerza contra los ídolos; basta con ridiculizar a quienes los sirven; los sarcasmos de Juliano perjudicaron más a la religión cristiana que todos los suplicios de Nerón. Sí, destruyamos para siempre toda idea de Dios y hagamos soldados de sus sacerdotes; algunos lo son ya; que se vinculen a este oficio tan noble para un republicano, pero que no vuelvan a hablar ni de su ser quimérico ni de su religión fabuladora, único objeto de nuestros desprecios. Condenemos a ser escarnecido, ridiculizado, cubierto de barro en todas las encrucijadas de las mayores ciudades de Francia, al primero de esos benditos charlatanes que venga a hablarnos todavía de Dios o de religión; una prisión perpetua será la pena que caiga sobre quien incurra dos veces en las mismas faltas. Que las blasfemias más insultantes, las obras más ateas sean autorizadas plenamente en seguida, a fin de acabar de extirpar en el corazón y en la memoria de los hombres esos terribles juguetes de nuestra infancia; que se saque a concurso la obra más capaz de iluminar por fin a los europeos en materia tan importante, y que un premio considerable, discernido

---

[36] La crítica ha descubierto en estos pasajes detalles textuales de las ideas de Holbach. [Nota del T]

por la nación, sea recompensa de quien, habiendo dicho todo, habiendo demostrado todo sobre esta materia, deje a sus compatriotas una guadaña para derribar todos esos fantasmas y un corazón recto para odiarlos. En seis meses todo habrá acabado: vuestro infame Dios será nada; y esto sin dejar de ser justo o celoso de la estima de los demás, sin cesar de temer la espada de las leyes, sin dejar de ser honesto, porque se habrá comprendido que el verdadero amigo de la patria no debe ser arrastrado por quimeras, como el esclavo de los reyes; que no es, en una palabra, ni la esperanza frívola de un mundo mejor, ni el temor a males mayores que los que nos envía la naturaleza, lo que debe conducir a un republicano, cuya única guía es la virtud, como el remordimiento su único freno.

Las costumbres

Tras haber demostrado que el teísmo no conviene en modo alguno a un gobierno republicano, me parece necesario probar que a las costumbres francesas tampoco les conviene más. Este artículo es esencial, sobre todo porque son las costumbres las que van a servir de motivos a las leyes que han de promulgarse.

Franceses, sois demasiado ilustrados para no datos cuenta de que un gobierno nuevo va a necesitar costumbres nuevas; es imposible que el ciudadano de un Estado libre se comporte como el esclavo de un rey déspota; las diferencias de sus intereses, de sus deberes, de sus relaciones entre sí, determinan de un modo absolutamente distinto su comportamiento en el mundo; una multitud de pequeños errores, de pequeños delitos sociales, considerados muy esenciales bajo el gobierno de los reyes, que debían exigir tanto más cuanto que necesitaban imponer frenos para hacerse respetables o inabordables a sus súbditos, van a anularse aquí; otras fechorías, conocidas bajo los nombres de regicidio o de sacrilegio, bajo un gobierno que no conoce ya ni reyes ni religiones deben desaparecer asimismo en un Estado republicano. Tras conceder la libertad de conciencia y la de prensa, pensad, ciudadanos, que con un poco más ha de concederse la de acción, y que salvo aquello que choca directamente a las bases del gobierno, os quedan muchos menos crímenes que poder castigar, porque en la práctica hay muy pocas acciones criminales en una sociedad cuyas bases se fundan en la libertad y la igualdad; pesando y examinando bien las cosas, sólo es verdaderamente criminal aquello que la ley reprueba; porque, al dictarnos la naturaleza tantos vicios como virtudes en razón de nuestra organización, o más filosóficamente aun, en razón de la necesidad que tiene de unos y de otras, cuanto ella nos inspira se convertiría en medida muy insegura para regular con precisión lo que está bien o lo que está mal. Pero para desarrollar mejor mis ideas sobre un tema tan esencial, vamos a clasificar las diferentes acciones de la vida del hombre que hasta ahora se ha convenido denominar criminales, y luego las *mediremos* con los verdaderos deberes de un republicano.

Desde tiempos inmemoriales los deberes del hombre han sido considerados bajo las tres relaciones distintas siguientes:

1. Aquellos que su conciencia y su credulidad le imponen para con el Ser Supremo.
2. Aquellos que está obligado a cumplir con sus hermanos.
3. Por último, aquellos que sólo tienen relación con él.

La certeza en que debemos estar de que ningún dios ha tenido nada que ver con nosotros y de que, criaturas necesitadas de la naturaleza como las plantas y los animales, estamos aquí porque era imposible que dejáramos de estar, esa certeza aniquila de un solo golpe, como puede verse, la primera parte de estos deberes, es decir de aquellos por los que nos creemos falsamente responsables para con la divinidad, todos ellos conocidos bajo los nombres vagos e indefinidos de impiedad, sacrilegio, blasfemia, ateísmo, etc., todos aquellos, en una palabra, que Atenas castigó tan injustamente en Alcibíades y Francia en el infortunado La Barre[37]. Si hay algo extravagante en el mundo es ver a los hombres, que no conocen a su dios y lo que ese dios pueda exigir más que según sus limitadas ideas, querer, sin embargo, decidir sobre la naturaleza de lo que contenta o desagrada a ese ridículo fantasma de su imaginación. Por eso no me limitaría a permitir con indiferencia todos los cultos; desearía que fuéramos libre de reírnos o burlarnos de todos; que los hombres, reunidos en un templo cualquiera para invocar al Eterno según su gusto, fuesen vistos como comediantes en una escena, de cuya representación cada cual puede ir a reírse. Si no veis las religiones desde este enfoque, pronto adquirirán la seriedad que las vuelve importantes, protegerán pronto las opiniones, y en cuanto vuelva a discutirse sobre las religiones, volverán a pelearse por las religiones[38]; la igualdad, aniquilada por la preferencia o la protección otorgada a una de ellas, desaparecerá pronto del gobierno, y de la teocracia reedificada nacerá pronto la aristocracia. Por eso nunca podrá repetirse demasiado: nada de dioses, franceses, nada de dioses, si no queréis que su funesto imperio nos vuelva a sumir pronto en todos los horrores del despotismo; pero sólo burlándoos de ellos los destruiréis; todos los peligros que conllevan renacerán al punto en tropel si ponéis en ello capricho o importancia. No derribéis su ídolos con cólera; pulverizadlos jugando, y la opinión caerá por sí misma.

Creo que basta esto para demostrar sobradamente que no debe promulgarse ninguna ley contra los delitos religiosos, porque, quien ofende una quimera, nada ofende, y sería la última inconsecuencia castigar a quienes ultrajan o desprecian un culto cuya prioridad sobre los demás nada demuestra con evidencia; sería necesariamente adoptar un partido e influir, desde entonces, sobre la balanza de la igualdad, primera ley de vuestro nuevo gobierno.

Pasemos a los segundos deberes del hombre, a los que lo vinculan a sus semejantes; esta clase es, indudablemente, la más extensa.

La moral cristiana, demasiado vaga en las relaciones del hombre con sus semejantes, sienta bases tan llenas de sofismas que resulta imposible admitirlas, porque cuando se quiere edificar principios hay que guardarse mucho de darles sofismas por base. Esa absurda moral nos dice que amemos a nuestro prójimo como a nosotros mismos. Nada sería probablemente más sublime si fuera posible que lo falso pudiese llevar alguna vez los caracteres de la belleza. No se trata de amar a los semejantes como a uno mismo,

---

[37] Fue ajusticiado en 1766, y su memoria, defendida por Voltaire ese mismo año, logró ser rehabilitada por la Convención. [Nota del T.]

[38] Cada pueblo pretende que su religión es la mejor, y se apoya, para convencernos, en una infinidad de pruebas no sólo discordantes entre sí, sino casi todas contradictorias. En la profunda ignorancia en que estamos, ¿cuál de ellas puede agradar a un Dios, suponiendo que haya un Dios? Si somos sabios, debemos proteger a todas igualmente, o prohibirlas a todas por igual; ahora bien, lo más seguro es indudablemente proscribirlas, puesto que tenemos la certeza moral de que todas son supercherías: por eso ninguna puede agradar más que las otras a un dios que no existe.

puesto que eso va contra todas las leyes de la naturaleza y puesto que sólo su órgano debe dirigir todas las acciones de nuestra vida; se trata únicamente de amar a nuestros semejantes como a hermanos, como a amigos que la naturaleza nos da, y con los que debemos vivir tanto mejor en un Estado republicano cuanto que la desaparición de las distancias debe necesariamente estrechar los lazos.

Que la humanidad, la fraternidad, la beneficencia nos prescriban según esto nuestros deberes recíprocos, y cumplámoslos cada uno con el sencillo grado de energía que en este punto nos ha dado la naturaleza, sin censurar y sobre todo sin castigar a quienes, más fríos o más atrabiliarios, no sienten en estos lazos, pese a ser tan conmovedores, todas las dulzuras que los demás encuentran; porque hay que convenir que sería un absurdo palpable querer prescribir leyes universales; este proceder sería tan ridículo como el de un general del ejército que quisiera que todos sus soldados fueran vestidos con un traje hecho a la misma medida; es una injusticia espantosa exigir que hombres de caracteres desiguales se plieguen a las las leyes generales: lo que a uno le va, a otro no le va.

Convengo en que no pueden hacerse tantas leyes como hombres; pero las leyes pueden ser tan dulces, en tan pequeño número, que todos los hombres, del carácter que sean, puedan fácilmente plegarse a ellas, y aun exigiría yo que ese pequeño número de leyes sea susceptible de poder adaptarse fácilmente a todos los distintos caracteres; que el espíritu de quien las dirija sea emplear mayor o menor severidad, en razón del individuo al que habrían de afectar. Está demostrado que la práctica de tal o cual virtud es imposible para ciertos hombres, como hay tal o cual remedio que no puede convenir a tal o cual temperamento. Ahora bien, ¡cuál no sería el colmo de vuestra injusticia si castigaseis con la ley a quien le resulta imposible plegarse a la ley! La iniquidad que cometeríais ¿no será igual a aquella de la que os haríais culpable si quisierais forzar a un ciego a discernir los colores? De estos primeros principios se desprende, como vemos, la necesidad de hacer leyes suaves, y, sobre todo, de acabar para siempre con la atrocidad de la pena de muerte, porque toda ley que atente contra la vida de un hombre es impracticable, injusta, inadmisible. Y no es, como diré enseguida, que no haya infinidad de casos en que los hombres, sin ultrajar a la naturaleza (y eso es lo que demostraré), puedan haber recibido de esta madre común la total libertad de atentar contra la vida de otros, sino que es imposible que la ley pueda obtener idéntico privilegio, porque la ley, fría por sí misma, no podría acceder a las pasiones que pueden legitimar en el hombre el acto cruel del asesinato; el hombre recibe de la naturaleza impresiones que pueden hacer perdonar esa acción, mientras que la ley, en cambio, siempre en oposición a la naturaleza y sin recibir nada de ella, no puede ser autorizada a permitirse los mismos extravíos: sin tener los mismos motivos, es imposible que tenga los mismos derechos. He ahí distinciones sabias y delicadas que escapan a muchas personas porque muy pocas personas reflexionan; pero serán aceptadas por personas instruidas, a quienes las dirijo, e influirán, como espero, sobre el nuevo Código que se nos prepara[39].

La segunda razón por la que hay que acabar con la pena de muerte es que nunca ha reprimido el crimen, porque se comete día tras día a los pies del cadalso. Hay que suprimir esa pena, en resumen, porque no hay peor cálculo que el de hacer morir a un

---

[39] El nuevo código llamado de Napoleón se promulgaría el 21 de marzo de 1804. [Nota del T]

hombre por haber matado a otro; de este proceder resulta evidentemente que en lugar de un hombre menos, tenemos dos menos de golpe, y que esa aritmética sólo puede ser familiar a los verdugos o a los imbéciles.

Sea, en fin, como fuere, las fechorías que podemos cometer contra nuestros hermanos se reducen a cuatro principales: la calumnia, el robo, aquellos delitos que, causados por la impureza, pueden afectar desagradablemente a los demás, y el asesinato. Todas estas acciones, consideradas capitales en un gobierno monárquico, son tan graves en un Estado republicano? Esto es lo que debemos analizar a la luz de la filosofía, porque sólo a su única luz debe emprenderse un examen semejante. Que no se me tache de innovador peligroso; que no se diga que hay riesgo en embotar, como quizá hagan estos escritos, el remordimiento en el alma de los malhechores; que mayor mal hay en aumentar, mediante la suavidad de mi moral, la inclinación que esos mismos malhechores tienen hacia el crimen: afirmo aquí formalmente no tener ninguna de esas miras perversas; expongo ideas que desde la edad de razón se han identificado conmigo y a las que el infame despotismo de los tiranos se ha opuesto durante tantos siglos. ¡Tanto peor para aquellos a quienes estas grandes ideas corrompan, tanto peor para quienes sólo saben captar el mal en las opiniones filosóficas, susceptibles de corromperse con todo! ¿Quién sabe si no se envenenarían quizá con las lecturas de Séneca y de Charron? No es a ellos a quienes hablo; sólo me dirijo a personas capaces de entenderme, y éstas me leerán sin peligro.

Confieso con la franqueza más extrema que nunca he creído que la calumnia fuera un mal, y menos aun en un gobierno como el nuestro, en el que todos los hombres, más unidos entre sí, más cercanos, tienen evidentemente mayor interés en conocerse bien. Una de dos: o la calumnia se dirige contra un hombre verdaderamente perverso, o cae sobre un ser virtuoso. Estaremos de acuerdo en que, en el primer caso, resulta casi indiferente que se hable algo peor de un hombre conocido por practicar el mal; tal vez, incluso, el mal que no existe aclare mejor entonces el que existe, y así tenemos al malhechor mejor conocido.

Supongamos que reina una influjo malsano en Hannover, pero que, exponiéndome a esa inclemencia malsana, no corro otro riesgo que coger un acceso de fiebre; ¿podré enfadarme con el hombre que, para impedirme ir allí, me diga que moriré nada más llegar? Indudablemente no; porque, asustándome con un gran mal, me ha impedido sufrir uno pequeño ¿Que la calumnia se dirige por el contrario contra un hombre virtuoso? Que no se alarme por ello: pruébese, y todo el veneno del calumniador recaerá pronto sobre él mismo. Para tales personas la calumnia no es más que un escrutinio depurador, del que su virtud sólo saldrá más resplandeciente. En este caso hay incluso beneficio para la masa de las virtudes de la república; porque este hombre virtuoso y sensible, estimulado por la injusticia que acaba de sufrir, se aplicará a hacerlo mejor aún; querrá superar esa calumnia de la que se creía a salvo, y sus buenas acciones adquirirán entonces un grado más de energía. Así, en el primer caso, el calumniador habrá producido efectos bastante buenos, incrementando los vicios del hombre peligroso; en el segundo los habrá producido excelentes, obligando a la virtud a mostrársenos por entero. Ahora bien, yo pregunto bajo qué enfoque puede pareceros temible el calumniador, sobre todo en un gobierno en que tan esencial es conocer a los malvados y aumentar la energía de los buenos. Guárdense mucho, por tanto, de pronunciar ninguna pena contra la calumnia; considerémosla bajo la doble perspectiva de un fanal y de un estimulante, y, en cualquier caso, como algo muy útil. El legislador, cuyas ideas han de ser grandes como la obra a la que se aplica, nunca debe estudiar el efecto del delito que sólo afecta individualmente: son los efectos en masa lo que debe examinar; y cuando de este modo observe así los efectos que derivan de la calumnia, le desafío a encontrar en ellos algo punible; desafío a que pueda poner alguna sombra de justicia a la ley que la castigaría; al contrario, se convierte en el hombre más justo y más íntegro si la favorece o la recompensa.

El robo es el segundo de los delitos morales cuyo examen nos hemos propuesto.

Si recorremos la Antigüedad, veremos el robo permitido, recompensado en todas las repúblicas de Grecia; Esparta o Lacedemonia lo favorecían abiertamente; algunos otros pueblos lo consideraron una virtud guerrera; es cierto que mantiene el valor, la fuerza, la astucia, en una palabra, todas las virtudes útiles a un gobierno republicano y en consecuencia al nuestro. Ahora, sin parcialidad, me atrevería a preguntar si el robo, cuyo efecto es igualar las riquezas, es un gran mal en un gobierno cuya meta es la igualdad. Indudablemente, no; porque si alimenta la igualdad por un lado, por otro nos impulsa a conservar nuestros bienes. Hubo un pueblo que castigaba no al ladrón, sino al que se había dejado robar, a fin de que aprendiese a cuidar de sus propiedades. Lo cual nos lleva a reflexiones más amplias.

Dios me guarde de querer atacar o destruir aquí el juramento de respeto a las propiedades, que la nación acaba de pronunciar[40]; pero ¿se me permitirán algunas ideas sobre la injusticia de ese juramento? ¿Cuál es el espíritu de un juramento pronunciado por todos los individuos de una nación? ¿No es el de mantener una perfecta igualdad entre los ciudadanos, y el de someterlos a todos por igual a la ley protectora de las propiedades de todos? Ahora bien, yo os pregunto si es muy justa la ley que ordena al que no tiene nada respetar al que lo tiene todo. ¿Cuáles son los elementos del pacto social? ¿No consiste en ceder un poco de su libertad y de sus propiedades para asegurar y mantener lo que se conserva de ambas?

Todas las leyes descansan sobre estas bases; son las razones de los castigos infligidos a quien abusa de su libertad. Autorizan asimismo las imposiciones; lo cual hace que un ciudadano no proteste cuando se le exigen, puesto que sabe que, a cambio de lo que da, se le conserva lo que le queda; pero, repitámoslo una vez más, ¿con qué derecho quien nada tiene se encadenará a un pacto que sólo protege a quien lo tiene todo? Si hacéis un acto de equidad conservando, mediante vuestro juramento, las propiedades del rico, ¿no cometéis una injusticia exigiendo este juramento del «conservador» que no tiene nada? ¿Qué interés tiene éste en vuestro juramento? ¿Y por qué queréis que prometa una cosa que sólo resulta favorable para quien tanto se diferencia de él por sus riquezas? No hay, con toda seguridad, nada más injusto: un juramento debe tener el mismo efecto sobre todos los individuos que lo pronuncian; es imposible que pueda encadenar a quien no tiene ningún interés en su mantenimiento, porque entonces no sería ya el pacto de un pueblo libre; sería el arma del fuerte sobre el débil, contra la que éste debería revolverse sin cesar; y eso es lo que ocurre en el juramento de respeto de las propiedades que acaba de exigirse a la nación; sólo el rico encadena con él al pobre, sólo el rico tiene interés en el juramento que el pobre pronuncia con una falta de consideración que le impide verse extorsionado en su buena fe por ese juramento y comprometido a hacer algo que no pueden hacer por él.

[40] Al jurar la Declaración de los derechos del hombre y de los ciudadanos. Un poco más abajo, vuelve a haber un nuevo recuerdo de Rousseau, pero rectificado. [Nota del T.]

Convencidos, como debéis estarlo, de esta bárbara desigualdad, no agravéis por tanto vuestra injusticia castigando al que nada tiene por haber osado robar algo al que lo tiene todo: vuestro desigual juramento le da más que nunca derecho. Forzándole al perjurio mediante un juramento absurdo para él, legitimáis todos los crímenes a que ha de conducirle ese perjurio; no os corresponde por tanto castigar aquello cuya causa habéis sido vosotros. Nada más diré para haceros sentir la terrible crueldad que hay en castigar a los ladrones. Imitad la sabia ley del pueblo de que acabo de hablar; castigad al hombre lo bastante negligente para dejarse robar, pero no pronunciéis ninguna clase de pena contra quien roba; pensad que vuestro juramento le autoriza a esa clase de acción y que, entregándose a ella, no hace más que seguir el primero y más sabio de los impulsos de la naturaleza, el de conservar su propia existencia sin importarle a costa de quién.

Los delitos que debemos examinar en esta segunda clase de deberes del hombre para con sus semejantes consisten en las acciones que puede emprender el libertinaje, entre las cuales se distinguen particularmente como más atentatorias a lo que cada uno debe a los otros la *prostitución,* el *adulterio,* el *incesto,* la *violación y* la *sodomía.* No debemos dudar ni un solo momento de que los denominados crímenes morales, es decir, todas las acciones de esa clase que acabamos de citar, son perfectamente indiferentes en un gobierno cuyo único deber consiste en conservar, por el medio que sea, la forma esencial a su mantenimiento: ésa es la única moral de un gobierno republicano. Ahora bien, puesto que siempre se ve acosado por los déspotas que lo rodean, no sería razonable imaginar que sus medios de pervivencia puedan ser los *medios morales;* porque sólo pervivirá por la guerra, y nada hay menos moral que la guerra. Ahora yo pregunto cómo se llegará a demostrar que, en un Estado inmoral por sus obligaciones[41], sea esencial a los individuos ser morales. Digo más: es bueno que no lo sean. Los legisladores de Grecia habían comprendido perfectamente la importante necesidad de gangrenar los miembros para que, influyendo su *disolución* moral en la que es útil a la máquina, resultase de ello la insurrección, siempre indispensable en un gobierno que, perfectamente feliz como el gobierno republicano, debe excitar necesariamente el odio y los celos de cuanto le rodea. La insurrección, pensaban esos sabios legisladores, no es en modo alguno un estado moral; debe, sin embargo, ser el estado permanente de una república; sería pues tan absurdo como peligroso exigir que quienes han de mantener la perpetua conmoción inmoral de la máquina, fueran seres muy morales, porque el estado moral de un hombre es un estado de paz y tranquilidad, mientras que su estado inmoral es un estado de movimiento perpetuo que le acerca a la necesaria insurrección, en la que el republicano tiene que mantener siempre al gobierno de que es miembro.

Vayamos ahora a los detalles y comencemos por analizar el pudor, ese movimiento pusilánime, contrario a los afectos impuros. Si estuviera en la intención de la naturaleza que el hombre fuese púdico, probablemente no habría hecho que naciera desnudo; una infinidad de pueblos, menos degradados que nosotros por la civilización, van desnudos y no sienten ninguna vergüenza; no hay duda de que la costumbre de vestirse ha tenido por única base tanto la inclemencia del aire como la coquetería de las mujeres; comprendieron que no tardarían en perder todos los efectos del deseo si los prevenían, en lugar de dejarlos nacer; pensaron que, por no haberlas creado sin defectos la naturaleza, se aseguraban mucho mejor los medios de agradar ocultando esos defectos

---

[41] El Leviatán de Hobbes. [Nota del T]

mediante adornos; así el pudor, lejos de ser una virtud, no fue por lo tanto más que una de las primeras secuelas de la corrupción, uno de los primeros medios de la coquetería de las mujeres. Licurgo y Solón, completamente conscientes de que los resultados del impudor mantienen al ciudadano en el estado *inmoral* esencial a las leyes del gobierno republicano, obligaron a las jóvenes a exhibirse desnudas en el teatro[42]. Roma imitó pronto este ejemplo: bailaban desnudas en los juegos de Flora; la mayoría de los misterios paganos se celebraban así; la desnudez pasó incluso por virtud entre algunos pueblos. Sea como fuere, del impudor nacen las inclinaciones lujuriosas; lo que resulta de tales inclinaciones constituye los pretendidos crímenes que estamos analizando, y cuya primera consecuencia es la prostitución. Ahora que hemos superado en este punto la multitud de errores religiosos que nos cautivaban, y ahora que, más cerca de la naturaleza por la cantidad de prejuicios que acabamos de destruir, sólo escuchamos su voz, completamente seguros de que, si hubiera crimen en algo, sólo radicaría en resistir a las inclinaciones que nos inspira antes que en combatirlas, persuadidos de que, siendo la lujuria una secuela de tales inclinaciones, se trata menos de apagar esta pasión en nosotros que de regular los medios de satisfacerla en paz. Debemos, por tanto, dedicarnos a poner orden en este punto, a establecer toda la seguridad precisa para que el ciudadano, a quien la necesidad acerca a los objetos de lujuria, pueda entregarse con esos objetos a cuanto sus pasiones le prescriban, sin hallarse encadenado nunca por nada, porque no hay en el hombre ninguna pasión que tenga mayor necesidad de toda la extensión de la libertad que ésta. En las ciudades se crearán distintos emplazamientos sanos, espaciosos, cuidadosamente amueblados y seguros en todos sus puntos; ahí, todos los sexos, todas las edades, todas las criaturas, serán ofrendados a los caprichos de los libertinos que vayan a gozar, y la subordinación más completa será la regla de los individuos presentados; la negativa más leve será castigada al punto, a capricho de quien la haya sufrido. Todavía debo explicar esto, ajustarlo a las costumbres republicanas; he prometido la misma lógica para todo y mantendré mi palabra.

Si, como acabo de decir hace un instante, ninguna pasión tiene más necesidad de toda la extensión de la libertad que ésta, ninguna indudablemente es tan despótica; es en ella donde el hombre gusta de ordenar, de ser obedecido, de rodearse de esclavos obligados a satisfacerle; ahora bien, cada vez que no deis al hombre el medio secreto de exhalar la dosis de despotismo que la naturaleza puso en el fondo de su corazón, se abalanzará, para ejercerlo, sobre las criaturas que lo rodeen, perturbará el gobierno. Si queréis evitar este peligro, permitid libre vuelo a esos deseos tiránicos que, a su pesar, le atormentan constantemente; contento por haber podido ejercer su pequeña soberanía en medio del harén de icoglanes[43] o de sultanas que vuestros cuidados y su dinero le someten, saldrá satisfecho y sin ningún deseo de perturbar un gobierno que le asegura de modo tan complaciente todos los medios de su concupiscencia. Practicad, por el

---

[42] Se ha dicho que la intención de estos legisladores era, embotando la pasión que los hombres sienten por una muchacha desnuda, hacer más activa la que los hombres sienten a veces por su sexo. Esos sabios mostraban lo que querían que se rechazara y ocultaban lo que creían hecho para inspirar los más dulces deseos; en cualquier caso ¿no trabajaban con vistas a la meta que acabamos de mencionar? Como se ve, comprendían la necesidad de la inmoralidad en las costumbres republicanas.

[43] Icoglán: según el Diccionario Littré: «Paje del Gran Señor». [Nota del T.]

contrario, un proceder diferente, imponed sobre esos objetos de la lujuria pública las ridículas trabas antaño inventadas por la tiranía ministerial y por la lubricidad de nuestros Sardanápalos[44]; el hombre, exasperado al punto contra vuestro gobierno, celoso en seguida del despotismo que os ve ejercer completamente solos, sacudirá el yugo que le imponéis, y, harto de vuestra forma de regirle, la cambiará como acaba de hacerlo.

Ved cómo trataban los legisladores griegos, bien imbuidos de estas ideas, el desenfreno en Lacedemonia, en Atenas; embriagaban con él al ciudadano, en lugar de prohibírselo; ningún género de lubricidad les estaba prohibido, y Sócrates, declarado por el oráculo el más sabio de los filósofos de la tierra, pasando indiferentemente de los brazos de Aspasia a los de Alcibíades, no por ello dejaba de ser gloria de Grecia. Iré todavía más lejos; por contrarias que sean mis ideas a nuestras actuales costumbres, como mi meta es probar que debemos apresurarnos a cambiar estas costumbres si queremos conservar el gobierno adoptado, voy a tratar de convenceros de que la prostitución de las mujeres conocidas con el nombre de honestas no es más peligrosa que la de los hombres, y que no sólo debemos asociarlas a las lujurias practicadas en las casas que establezco, sino que incluso debemos erigir para ellas otras donde sus caprichos y las necesidades de su temperamento, de un ardor muy diferente del nuestro, puedan asimismo satisfacerse con todos los sexos.

En primer lugar, tcon qué derecho pretendéis que las mujeres sean exceptuadas de la ciega sumisión que la naturaleza les prescribe para con los caprichos de los hombres? Y luego, con qué otro derecho pretendéis someterlas a una continencia imposible para su físico y absolutamente inútil a su honor?

Voy a tratar por separado cada una de estas cuestiones.

Es cierto que, en el estado de naturaleza, las mujeres nacen *vulgívagas,* es decir, que gozan de las ventajas de los demás animales hembras y pertenecen, como ellas y sin ninguna excepción, a todos los machos; tales fueron, indudablemente, tanto las primeras leyes de la naturaleza como las únicas instituciones de los primeros agrupamientos que los hombres hicieron. El *interés,* el *egoísmo* y el *amor* degradaron estas primeras miras tan simples y tan naturales; creyeron enriquecerse tomando una mujer y con ella los bienes de su familia; he ahí satisfechos los dos primeros sentimientos que acabo de indicar; con más frecuencia todavía raptaron a esa mujer, y se la quedaron; he ahí el segundo motivo en acción y, en cualquier caso, la injusticia.

Jamás puede ejercerse un acto de posesión sobre un ser libre; es tan injusto poseer exclusivamente una mujer como poseer esclavos; todos los hombres han nacido libres, todos son iguales en derecho; no perdamos nunca de vista estos principios; según esto, en legítimo derecho no puede por tanto otorgarse a un sexo la posibilidad de apoderarse exclusivamente del otro, y jamás uno de esos sexos o una de esas clases puede poseer al otro de forma arbitraria. Aplicando en puridad las leyes de la naturaleza, una mujer no puede alegar como motivo del rechazo que hace a quien la desea el amor que siente por otro, porque ese motivo se convierte en exclusión, y ningún hombre puede ser excluido de la posesión de una mujer desde el momento en que es evidente que pertenece decidi-

[44] Se sabe que el infame y malvado Satrine [Jefe de la policía, que fue amigo y protector además de Diderot y de la *Enciclopedia*] le preparaba a Luis XV medios de lujuria, haciendo leer tres veces por semana, de labios de la Dubarry, el pormenor privado, y enriquecido por él, de cuanto pasaba en los lugares de mala nota de París. Esta rama del libertinaje del Nerón francés le costaba al Estado tres millones.

damente a todos los hombres. Sólo puede ejercerse el acto de posesión sobre un inmueble o sobre un animal; jamás sobre un individuo que es semejante a nosotros, y todas las ataduras que puedan encadenar una mujer a un hombre, sean de la clase que sean, son tan injustas como quiméricas.

Si, por tanto, resulta indiscutible que hemos recibido de la naturaleza el derecho a expresar nuestros deseos indistintamente a todas las mujeres, de ello mismo se deriva que tenemos el de obligarla a someterse a nuestros deseos, no en exclusiva, porque me contradiría, sino momentáneamente[45]. Es indiscutible que tenemos derecho a establecer leyes que la obliguen a ceder a la pasión de quien la desea; siendo la violencia misma uno de los efectos de ese derecho, podemos emplearla legalmente. ¿Y qué? ¿Acaso no ha demostrado la naturaleza que teníamos ese derecho, al otorgarnos la fuerza necesaria para someterlas a nuestros deseos?

En vano las mujeres deben invocar, en su defensa, el pudor o su vinculación a otros hombres; estos medios quiméricos nada valen; más arriba hemos visto que el pudor era un sentimiento ficticio y despreciable. El amor, al que se puede denominar *locura del alma,* no tiene más títulos para legitimar su constancia; al no satisfacer más que a dos individuos, al ser amado y al ser amante, no puede servir a la felicidad de los demás, y es para la felicidad de todos, y no para una felicidad egoísta y privilegiada, para lo que se nos han dado todas las mujeres. Todos los hombres tienen, por tanto, un derecho de goce igual sobre todas las mujeres; no hay pues nadie que, según las leyes de la naturaleza, pueda establecer sobre una mujer un derecho único y personal. La ley que ha de obligarlas a prostituirse cuanto queramos en las casas de desenfreno de que acaba de hablarse, y que las forzará a ello si se niegan, que las castigará si faltan, es por tanto una ley de las más equitativas, contra la que no podría invocarse ningún motivo legítimo o justo.

Un hombre que quiera gozar de una mujer o de una muchacha cualquiera podrá, si las leyes que promulguéis son justas, obligarla a que esté en una de las casas de que he hablado; y allí, bajo la supervisión de las matronas de este templo de Venus, le será entregada para satisfacer, con tanta humildad como sumisión, todos los caprichos que le agrade tener con ella, por más que sean extravagancias o irregularidades, porque no hay ninguna que no esté en la naturaleza, ninguna que no sea aprobada por ella. Tampoco se trata aquí de fijar la edad; porque pretendo que no se puede hacer sin perturbar la libertad de quien desea el goce de una muchacha de tal o cual edad. Quien tiene derecho a comer el fruto de un árbol puede, con toda evidencia, cogerlo maduro o verde, según las inspiraciones de su gusto. Se me objetará que hay una edad en que el comportamiento del hombre perjudica decididamente la salud de la muchacha. Esta consideración carece de valor; desde el momento en que me concedéis el derecho de propiedad sobre el goce, este derecho es independiente de los efectos producidos por el goce; desde entonces da lo mismo que ese goce sea provechoso o perjudicial para la criatura que debe someterse a él.

---

[45] Que no se diga que me contradigo, ni que tras haber establecido más arriba que no teníamos derecho alguno a atar una mujer a nosotros, destruyo esos principios diciendo ahora que tenemos derecho a forzarla; repito que aquí sólo se trata del goce y no de la propiedad, no tengo ningún derecho a la propiedad de la fuente que encuentro en mi camino, pero sí derechos' ciertos a su disfrute, tengo derecho a aprovechar el agua límpida que ofrece a mi sed; de igual modo, no tengo ningún derecho real a la propiedad de tal o cual mujer, pero los tengo indiscutibles a su goce; tengo derecho a obligarla a este goce si ella me lo rehúsa por el motivo que sea.

¿No he probado ya que era legal forzar la voluntad de una mujer en este punto y que, tan pronto como inspira el deseo del goce, debía someterse a ese goce, abstracción hecha de cualquier sentimiento egoísta? Lo mismo ocurre con su salud. Desde el momento en que las consideraciones que se tengan al respecto destruyan o debiliten el goce de quien la desea, y que tiene derecho a apropiársela, esa consideración de la edad nada significa, porque no se trata en modo alguno de lo que puede sufrir el objeto condenado por la naturaleza y por la ley al sometimiento momentáneo de los deseos del otro; en este examen se trata sólo de lo que conviene a aquel que desea. Ya nivelaremos la balanza.

Sí, indudablemente debemos nivelarla; a estas mujeres a las que acabamos de esclavizar tan cruelmente, debemos compensarlas a todas luces, y es lo que va a constituir la respuesta a la segunda cuestión que me he propuesto.

Si admitimos, como acabamos de hacer, que todas las mujeres deben ser sometidas a nuestros deseos, podemos permitirles evidentemente satisfacer todos los suyos; nuestras leyes deben favorecer en este punto su temperamento de fuego, y es absurdo haber colocado tanto su honor como su virtud en la fuerza natural que ponen en resistir a inclinaciones que han recibido con mucha más profusión que nosotros; esta injusticia de nuestras costumbres es más de temer dado que, al mismo tiempo, consentimos en hacerlas débiles a fuerza de seducción y en castigarlas luego por ceder a todos los esfuerzos que nosotros hemos hecho para provocarlas a la caída. Toda la absurdidad de nuestras costumbres está escrita, a lo que me parece, en esa desigual atrocidad, y su sola exposición debería hacernos sentir la extremada necesidad que tenemos de cambiarlas por otras más puras. Digo, pues, que las mujeres, que han recibido inclinaciones mucho más violentas que nosotros a los placeres de la lujuria, podrán entregarse a ellas cuanto quieran, absolutamente liberadas de todos los lazos del himeneo, de todos los falsos prejuicios del pudor, absolutamente vueltas al estado natural; quiero que las leyes les permitan entregarse a tantos hombres como buenamente les parezca; quiero que el goce de todos los sexos y de todas las partes del cuerpo les sea permitido igual que a los hombres, y, bajo cláusula especial de entregarse asimismo a cuantos las deseen, es preciso que tengan la libertad de gozar igualmente de cuantos ellas crean dignos de satisfacerlas.

¿Cuáles son, me pregunto, los peligros de esta licencia? ¿Niños sin padres? Pero ¿y qué importa eso en una república en que todos los individuos no deben tener más madre que la patria, en que todos los que nacen son hijos de la patria? ¡Ah, cuánto más no la amarán los que, no habiendo conocido nunca a otra que ella, sabrán desde que nazcan que sólo de ella deben esperarlo todo? No soñéis con hacer buenos republicanos mientras aisléis en sus familias a los niños, que únicamente deben pertenecer a la república. Otorgando sólo a algunos individuos la dosis de afecto que deben repartir entre todos sus hermanos, adoptan inevitablemente los prejuicios, con frecuencia peligrosos, de estos individuos; sus opiniones, sus ideas, se aíslan, se particularizan, y todas las virtudes de un hombre de Estado se vuelven absolutamente imposibles. Abandonando, en fin, su corazón entero a quienes les han hecho nacer, en su corazón ya no encuentran ningún afecto por aquella que debe hacerlos vivir, darlos a conocer e ilustrarlos, como si estos segundos beneficios no fueran más importantes que los primeros. Si hay el menor inconveniente en dejar a los niños mamar así en sus familias intereses a menudo muy diferentes de los de la patria, sólo hay ventajas separándolos de ellas; ¿no se los separa naturalmente por los medios que propongo? Al destruir absolutamente todos los lazos del himeneo, de los placeres de la mujer no nacen más frutos que niños a los que el conocimiento de su padre les está totalmente prohibido, y con ello los medios de pertenecer sólo a una misma familia, en lugar de ser, como deben, hijos de la patria.

Habrá, pues, casas destinadas al libertinaje de las mujeres y, como las de los hombres, estarán puestas bajo la protección del gobierno; allí les serán proporcionados todos los individuos de uno y otro sexo que puedan desear, y cuanto más frecuenten estas casas tanto más serán estimadas. No hay nada tan bárbaro ni tan ridículo como haber unido el honor y la virtud de las mujeres a la resistencia que ponen a los deseos que han recibido de la naturaleza y que enardecen sin cesar a quienes cometen la barbarie de censurarlas. Desde su más tierna edad[46], una joven liberada de los lazos paternos, que ya no tiene nada que conservar para el himeneo (absolutamente abolido por las sabias leyes que deseo), por encima del prejuicio que antaño encadenaba su sexo podrá, pues, entregarse a cuanto le dicte su temperamento en las casas establecidas al efecto; allí será recibida con respeto, satisfecha con abundancia, y, de regreso a la sociedad, podrá hablar en ella tan públicamente de los placeres que haya gustado como hoy lo hace de un baile o de un paseo. Sexo encantador, serás libre; gozarás como los hombres de todos los placeres que la naturaleza te impone como un deber; no reprimirás ninguno. La parte más divina de la humanidad, ¿debe acaso recibir cadenas de la otra? ¡Ah, rompedlas, la naturaleza lo exige!; no tengáis más freno que vuestras inclinaciones, más leyes que vuestros deseos, más moral que la de la naturaleza; no languidezcáis más tiempo en estos prejuicios bárbaros que marchitan vuestros encantos y cautivan los divinos impulsos de vuestros corazones[47]; sois libres como nosotros, y la carrera de los combates de Venus está abierta para vosotras lo mismo que para nosotros; no temáis más absurdos reproches; la pedantería y la superstición han sido aniquiladas; ya no se os verá ruborizaros por vuestros encantadores extravíos; coronadas de mirtos y de rosas, la estima que concebiremos por vosotras será proporcional sólo a la mayor amplitud que vosotras mismas os hayáis permitido dar a tales extravíos.

Lo que acabo de decir debería dispensarnos, sin duda, de examinar el adulterio; echemos sobre él no obstante una ojeada, por nulo que sea según las leyes que establezco. ¡Cuán ridículo era considerarlo criminal en nuestras antiguas instituciones! Si había algo absurdo en el mundo, era, con toda seguridad, la eternidad de los vínculos conyugales; en mi opinión bastaba con examinar o sentir toda la pesadez de estos vínculos para dejar de considerar como crimen la acción que los aflojaba; la naturaleza, como hemos dicho hace un momento, ha dotado a las mujeres de un temperamento más ardiente, de una sensibilidad más profunda que a los individuos del otro sexo, y por ello les vuelve más pesado el yugo de un himeneo eterno. Mujeres tiernas y abrasadas por el

---

[46] Las babilonias no aguardaban a los siete años para llevar sus primicias al templo de Venus. El primer movimiento de concupiscencia que experimenta una muchacha es el momento que la naturaleza le marca para prostituirse y, sin ninguna otra consideración, debe ceder desde el momento en que su naturaleza habla; si se resiste, ultraja sus leyes.

[47] Las mujeres no saben hasta qué punto las embellecen sus lascivias. Compárese a dos mujeres de edad y de belleza casi semejantes, una de las cuales vive en el celibato y otra en el libertinaje: así se verá cuánto la supera ésta en esplendor y frescura; cualquier violencia hecha a la naturaleza marchita mucho más que el abuso de los placeres; no hay nadie que ignore que los partos embellecen a una mujer.

fuego del amor, resarcíos ahora sin miedo; convenceos de que no puede existir mal alguno en seguir los impulsos de la naturaleza, de que no habéis sido creadas para un solo hombre, sino para placer indistintamente a todos. Que ningún freno os detenga. Imitad a las republicanas de Grecia; nunca los legisladores que les dieron leyes creyeron convertir en crimen el adulterio, y casi todos autorizaron el desorden de las mujeres. Tomás Moro prueba en su Utopía que es ventajoso para las mujeres entregarse al desenfreno, y las ideas de este gran hombre no siempre eran sueños[48].

Entre los tártaros, cuanto más se prostituía una mujer tanto más honrada era; llevaba públicamente al cuello las marcas de su impudicia, y no se estima ba a las que no llevaban ese adorno. En Pegú[49] las propias familias entregan sus mujeres o sus hijas a los extranjeros que viajan: ¡se las alquilan a tanto por día, como los caballos y los carruajes! En fin, varios volúmenes no bastarían para demostrar que nunca se consideró la lujuria un crimen en ninguno de los pueblos sabios de la tierra. Todos los filósofos saben de sobra que sólo a los impostores cristianos debemos haberlo erigido en crimen. Los sacerdotes tenían por supuesto su motivo al prohibirnos la lujuria: esta recomendación, reservando para ellos el conocimiento y la absolución de estos pecados secretos, les daba un increíble dominio sobre las mujeres y les abría una carrera de lubricidad cuya extensión no tenía límites. Ya sabemos de qué modo se aprovecharon de ello, y cómo seguirían abusando si su crédito no se hubiera perdido sin remisión.

¿Es el incesto más peligroso? Indudablemente no; amplía los lazos de las familias y en consecuencia vuelve más activo el amor de los ciudadanos por la patria; nos es dictado por las primeras leyes de la naturaleza, lo sentimos, y el goce de objetos que nos pertenecen nos parece siempre más delicioso. Las primeras instituciones favorecen el incesto; lo encontramos en el origen de las sociedades; está consagrado por todas las religiones; todas las leyes lo han favorecido. Si recorremos el universo, encontraremos el incesto establecido por doquier. Los negros de la Costa de la Pimienta y de Río Gabón prostituyen sus mujeres con sus propios hijos; el mayor de los hijos en el reino de Judá debe desposar a la mujer de su padre; los pueblos del Chile se acuestan indistintamente con sus hermanas, con sus hijas, y se casan a menudo a la vez con la madre y la hija. Me atrevo a asegurar, en resumen, que el incesto debería ser la ley de todo gobierno cuya base fuera la fraternidad. ¿Cómo pudieron hombres razonables llevar el absurdo hasta el punto de creer que el goce de su madre, de su hermana o de su hija podría ser alguna vez criminal? ¿No es, os pregunto, abominable prejuicio considerar crimen el hecho de que un hombre estime en más para su goce el objeto al que el sentimiento de la naturaleza más le acerca? Equivaldría a decir que nos está prohibido amar demasiado a los individuos que la naturaleza más nos ordena que amemos, y que cuantas más inclinaciones nos hace sentir hacia un objeto, tanto más nos ordena al mismo tiempo que nos alejemos de él. Estas contradicciones son absurdas: sólo pueblos embrutecidos por la superstición pueden creerlas o adoptarlas. La comunidad de mujeres que yo establezco, entraña necesariamente el incesto y deja poco que decir

---

[48] Este mismo autor quería que los prometidos se viesen completamente desnudos antes de desposarse. ¡Cuántos matrimonios fallarían si esa ley se cumpliese! Debe admitirse que lo contrario es lo que se dice comprar la mercancía sin haberla visto.

[49] Pegú, antiguo reino desaparecido, ubicado en Birmania. [Nota del T]

sobre un presunto delito cuya nulidad está demasiado demostrada para que sigamos insistiendo; y vamos a pasar a la violación que, a la primera ojeada, parece ser, de todos los extravíos del libertinaje, aquel cuya lesión está mejor establecida en razón del ultraje que parece hacer. Es, sin embargo, cierto que la violación, acción rara y muy difícil de probar, causa menos perjuicio al prójimo que el robo, puesto que éste invade la propiedad que el otro se contenta con deteriorar. ¿Qué tendréis pues que objetar al violador si os responde que, de hecho, el mal que ha cometido es más bien mediocre, puesto que no ha hecho sino poner un poco antes a la criatura de que ha abusado en el estado en que poco después había de ponerle el himeneo o el amor?

Mas la sodomía, ese presunto crimen que atrajo el fuego del cielo sobre las ciudades entregadas a él, ¿no es un extravío monstruoso cuyo castigo nunca podría ser demasiado fuerte? Es sin duda muy doloroso para nosotros tener que reprochar a nuestros antepasados los asesinatos judiciales que osaron permitirse en este tema. ¿Es posible ser tan bárbaro como para atreverse a condenar a muerte a un desgraciado individuo cuyo único crimen es no tener los mismos gustos que vosotros? Uno se estremece cuando piensa que, no hace aún cuarenta años, la absurdidad de los legisladores estaba todavía en ese punto. Consolaos, ciudadanos; tales absurdos no volverán: la sabiduría de vuestros legisladores os responde de ello. Completamente esclarecida sobre esta debilidad de algunos hombres, hoy se comprende perfectamente que semejante error no puede ser criminal, y que la naturaleza no podría haber otorgado al fluido que corre en nuestros riñones una importancia tan grande como para enfadarse por el camino que nos plazca hacer tomar a ese licor.

¿Cuál es el único crimen que puede existir aquí? Probablemente no lo es ponerse en tal o cual lugar, a menos que se quiera sostener que todas las partes del cuerpo no son iguales, y que hay unas puras y otras mancilladas; pero como es imposible seguir adelante con tales absurdos, el único presunto delito sólo podría consistir en este caso en la pérdida de la simiente. Ahora yo me pregunto si es verosímil que esa simiente sea tan preciosa a los ojos de la naturaleza que se vuelva imposible perderla sin crimen. ¿Procedería ella a diario a pérdidas semejantes si así fuera? ¿Y no es autorizarlas permitirlas durante el sueño, en el acto del goce de una mujer embarazada? ¿Podemos imaginar que la naturaleza nos dé la posibilidad de un crimen que la ultraja? ¿Puede consentir que los hombres destruyan sus placeres y se hagan así más fuertes que ella? Es inaudito el abismo de absurdos a que uno se lanza cuando para razonar se abandona la antorcha de la razón. Tengamos, pues, por seguro que es tan sencillo gozar de una mujer de una manera como de otra, que es absolutamente indiferente gozar de una muchacha que de un muchacho, y que, una vez comprobado que en nosotros no pueden existir otras inclinaciones que las que hemos recibido de la naturaleza, ésta es demasiado sabia y demasiado consecuente para haber puesto en nosotros algo que puede ofenderla alguna vez.

El de la sodomía es resultado de la organización, y nosotros no contribuimos en nada a esa organización. Niños en su más temprana edad anuncian este gusto, y ya no se corrigen de él nunca. A veces es fruto de la saciedad; pero incluso en este caso, ¿pertenece menos por ello a la naturaleza? Desde cualquier enfoque, es obra suya, y en todos los casos lo que ella inspira debe ser respetado por los hombres. Si mediante un censo exacto se llegara a probar que este gusto afecta infinitamente más a uno que a otro, que los placeres que de él resultan son mucho más vivos y que por este motivo sus partidarios son mil veces más numerosos que sus enemigos, ¿no podríamos deducir que, lejos de ultrajar a la naturaleza, este vicio serviría sus miras, y que le importa menos la procreación de lo que nosotros tenemos la locura de creer? Y, recorriendo el universo, ¡a cuántos pueblos no vemos despreciar a las mujeres! Los hay que sólo se sirven de ella para tener el hijo necesario para reemplazarlos. La costumbre que los hombres tienen de vivir juntos en las repúblicas siempre volverá este vicio más frecuente, pero no es desde luego peligroso. ¿Lo habrían introducido los legisladores de Grecia si así lo hubieran creído? Muy lejos de eso, lo creían necesario para un pueblo guerrero. Plutarco nos habla con entusiasmo del batallón de los *amantes* y de los *amados;* ellos solos defendieron durante mucho tiempo la libertad de Grecia. Este vicio reinó en la asociación de las hermandades de armas; la cimentó; los mayores hombres estuvieron inclinados a él. Toda América, cuando fue descubierta, se la encontró poblada por personas de este gusto. En Luisiana, los indios Illinois, vestidos de mujeres, se prostituían como cortesanas. Los negros de Benguelé mantenían públicamente a hombres; casi todos los serrallos de Argelia están poblados en la actualidad sólo por muchachos. En Tebas no se contentaban con tolerarlo: ordenaban el amor de los muchachos; el filósofo de Queronea[50] lo prescribió para suavizar las costumbres de los jóvenes.

Ya sabemos hasta qué punto reinó en Roma: había allí lugares públicos en que los jóvenes se prostituían vestidos de muchachas y las muchachas vestidas de muchachos. Marcial, Catulo, Tibulo, Horacio y Virgilio escribían cartas a hombres como a sus amantes, y en Plutarco finalmente leemos[51] que las mujeres no deben tener ninguna participación en el amor de los hombres. Los amasios de la isla de Creta raptaban antaño a muchachos con las más singulares ceremonias. Cuando amaban a uno, participaban a los padres el día en que el raptor quería raptarlo; el joven oponía alguna resistencia si su amante no le placía; en caso contrario, partía con él, y el seductor lo devolvía a su familia tan pronto como lo había utilizado; porque en esta pasión, como en la de las mujeres, se tiene demasiado cuando uno ha tenido bastante. Estrabón nos dice que, en esa misma isla, los serrallos sólo se llenaban con muchachos: los prostituían públicamente.

¿Queréis una última autoridad, hecha para demostrar cuán útil es este vicio en una república? Escuchemos a jerónimo el Peripatético. El amor de los muchachos, nos dice, se extendía por toda Grecia porque daba valor y fuerza, y porque servía para expulsar a los tiranos; las conspiraciones se formaban entre amantes, y antes se dejaban torturar que denunciar a sus cómplices; de esta manera, el patriotismo sacrificaba todo a la prosperidad del estado; estaban seguros de que estas relaciones fortalecían la república, clamaban contra las mujeres y era debilidad reservada al despotismo unirse a estas criaturas.

Siempre la pederastia fue vicio de los pueblos guerreros. César nos enseña que los galos estaban completamente entregados a él. Las guerras que tenían que sostener las repúblicas, al separar los dos sexos, propagaron el vicio, y cuando se reconocieron secuelas tan útiles al estado, la religión lo consagró al punto. Se sabe que los romanos

---

[50] Sócrates. [Nota del T.]

[51] *Obras morales. Tratado del amor.*

santificaron los amores de Júpiter y de Ganímedes. Sexto Empírico nos asegura que esta fantasía era obligatoria entre los persas. Finalmente, las mujeres celosas y despreciadas ofrecieron a sus maridos el mismo servicio que recibían de los jóvenes; algunos lo probaron y volvieron a sus antiguas costumbres por no parecerles posible la ilusión.

Los turcos, muy inclinados a esta depravación que Mahoma consagró en su Corán, aseguran no obstante que una virgen muy joven puede reemplazar bastante bien a un muchacho, y raramente las hacen mujeres sin haber pasado por esta prueba. Sixto Quinto y Sánchez permitieron este desenfreno; el último se propuso probar incluso que era útil a la procreación, y que un niño creado tras este curso previo estaba infinitamente mejor constituido. Finalmente, las mujeres se resarcieron entre sí. Esta fantasía no tiene indudablemente más inconvenientes que la otra, porque el resultado es sólo la negativa a crear, y porque los medios de quienes tienen el gusto de la población son lo bastante potentes como para que los adversarios nunca puedan perjudicarles. Los griegos basaban asimismo este extravío de las mujeres en razones de Estado. De él resultaba que, bastándose entre sí, sus comunicaciones con los hombres eran menos frecuentes y así no perjudicaban los asuntos de la república. Luciano nos enseña los progresos que hizo esta licencia, y no sin interés la vemos en Safo.

En una palabra, no hay ninguna clase de peligro en todas estas manías: aunque llegasen más lejos, aunque llegasen a rozarse con monstruos y animales, como nos enseña el ejemplo de muchos pueblos, no habría en todas estas nimiedades el menor inconveniente, porque la corrupción de las costumbres, con frecuencia muy útil en un gobierno, no podría perjudicarlo desde ningún punto de vista, y debemos esperar de nuestros legisladores suficiente sabiduría y suficiente prudencia para estar completamente seguros de que ninguna ley emanará de ellos para la represión de estas miserias que, por derivar totalmente de la organización, no podrían hacer a quien siente inclinación por ellas más culpable de lo que lo es el individuo que la naturaleza creó contrahecho.

En la segunda clase de delitos del hombre hacia sus semejantes sólo nos queda examinar el asesinato; luego pasaremos a sus deberes para consigo mismo. De todas las ofensas que el hombre puede hacer a su semejante, el asesinato es, sin contradicción, la más cruel de todas puesto que le quita el único bien que ha recibido de la naturaleza, el único cuya pérdida es irreparable. Muchas cuestiones sin embargo se plantean aquí, abstracción hecha del mal que el asesino causa a quien se convierte en su víctima.

1. Esta acción, considerada desde las leyes solas de la naturaleza, ¿es realmente criminal?

2. ¿Lo es desde las leyes de la política? 3. ¿Es perjudicial para la sociedad?

4. ¿Cómo debe considerarse en un gobierno republicano?

5. Finalmente, ¿debe reprimirse el asesino mediante el asesinato?

Vamos a examinar por separado cada una de estas cuestiones: el tema es lo bastante esencial para permitir que nos detengamos en él; quizá parezcan nuestras ideas algo fuertes, ¿qué importa? ¿No hemos adquirido el derecho a decir todo? Desarrollemos para los hombres grandes verdades: las esperan de nosotros; es hora de que el error desaparezca, es preciso que su venda caiga junto con la corona de los reyes. ¿Es el asesinato un crimen a ojos de la naturaleza? Ésa es la primera cuestión planteada.

Indudablemente vamos a humillar aquí el orgullo del hombre, rebajándolo al rango de todas las demás producciones de la naturaleza, pero el filósofo no halaga las pequeñas vanidades humanas; ardiente perseguidor de la verdad, la discierne bajo los tontos prejuicios del amor propio, la alcanza, la desarrolla y la muestra audazmente a la tierra asombrada.

¿Qué es el hombre y qué diferencia hay entre él y las demás plantas, entre él y los demás animales de la naturaleza? Ninguna probablemente. Casualmente colocado, como ellos, en este globo, ha nacido como ellos; se propaga, crece y decrece como ellos; llega como ellos a la vejez y como ellos cae en la nada tras el término que la naturaleza asigna a cada especie de animales en razón de la constitución de sus órganos. Si las semejanzas son tan exactas que resulta completamente imposible a la mirada escrutadora del filósofo percibir desemejanzas, entonces habrá tanto mal en matar a un animal como a un hombre, o tan poco en lo uno como en lo otro, y sólo en los prejuicios de nuestro orgullo estará la distancia; pero nada hay tan desgraciadamente absurdo como los prejuicios del orgullo. Estrujemos no obstante la cuestión. No podéis dejar de convenir que no sea igual destruir un hombre que una bestia; pero la destrucción de todo animal que tiene vida, ¿no es decididamente un mal, como creían los pitagóricos y como creen hoy todavía los habitantes de las riberas del Ganges? Antes de responder a esto, recordemos en primer lugar a los lectores que sólo examinamos la cuestión en lo que atañe a la naturaleza; luego la contemplaremos en relación a los hombres.

Ahora yo pregunto qué valor pueden tener para la naturaleza individuos que no le cuestan ni el menor esfuerzo ni el menor cuidado. El obrero sólo estima su obra en razón del trabajo que le cuesta, del tiempo que emplea en crearla. ¿Le cuesta el hombre a la naturaleza? Suponiendo que le cueste, ¿le cuesta más que un mono o que un elefante? Voy más lejos: ¿cuáles son las materias generadoras de la naturaleza? ¿De qué se componen los seres que vienen a la vida? Los tres elementos que los forman ¿no resultan de la primitiva destrucción de los demás cuerpos? Si todos los individuos fueran eternos, ¿no se le haría imposible a la naturaleza crear otros nuevos? Si la eternidad de los seres es imposible para la naturaleza, su destrucción se convierte, por tanto, en una de sus leyes. Ahora bien, si las destrucciones le son tan útiles que en modo alguno puede prescindir de ellas, y si no puede llegar a sus creaciones sin abrevar en esas masas de destrucción que le prepara la muerte, desde ese momento la idea de aniquilación que achacamos a la muerte no será ya real; no habrá aniquilamiento comprobado; lo que nosotros llamamos fin de un animal que tiene vida no será entonces un fin real sino una simple transmutación, cuya base es el movimiento perpetuo, verdadera esencia de la materia, admitida por todos los filósofos modernos como una de sus primeras leyes. La muerte, según estos principios irrefutables, no es por lo tanto más que un cambio de forma, un paso imperceptible de una existencia a otra: esto es lo que Pitágoras llamaba la metempsícosis.

Una vez admitidas estas verdades, yo pregunto si alguna vez se podrá sostener que la destrucción sea un crimen. Con el propósito de conservar vuestros absurdos prejuicios, ¿osaréis decirme que la transmutación es una destrucción? Indudablemente, no; porque sería necesario para ello demostrar en la materia un instante de inacción, un momento de reposo. Ahora bien, jamás descubriréis ese momento. Pequeños animales se forman en el instante mismo en que el gran animal ha perdido el aliento, y la vida de estos pequeños animales no es más que uno de los efectos necesarios y determinados por el sueño momentáneo del grande[52]. ¿Osaréis decir ahora que place más a la naturaleza el uno que el otro? Para ello habría que probar una cosa imposible: que la forma alargada o cuadrada es más útil, más agradable a la naturaleza que la forma oblonga o triangular; habría que probar que, respecto a los planes sublimes de la naturaleza, un vago que engorda en la inacción y en la indolencia es más útil que el caballo, cuyo servicio es tan esencial, o que el buey, cuyo cuerpo es tan precioso que ninguna de sus partes queda sin utilidad; habría que decir que la serpiente venenosa es más necesaria que el perro fiel.

Ahora bien, como todos estos sistemas son insostenibles, es preciso, por tanto, consentir en admitir la imposibilidad en que nos hallamos de aniquilar las obras de la naturaleza, dado que lo único que hacemos, al entregarnos a la destrucción, no es más que operar una variación en las formas, que no puede apagar la vida, y está fuera del alcance de las fuerzas humanas probar que pueda existir algún crimen en la pretendida destrucción de una criatura, de cualquier edad, sexo o especie que la supongáis. Llevados más adelante aún por la serie de nuestras consecuencias, que nacen unas de otras, habrá que convenir finalmente en que, lejos de perjudicar a la naturaleza, la acción que cometéis al variar las formas de sus diferentes obras es ventajosa para ella, puesto que mediante esa acción le proporcionáis la materia prima de sus reconstrucciones, cuyo trabajo se le haría impracticable si no destruyeseis. ¡Ea!, dejadla hacer, os dicen. Con toda evidencia hay que dejarla hacer, pero son sus impulsos lo que el hombre sigue cuando se entrega al homicidio; es la naturaleza la que lo aconseja, y el hombre que destruye a su semejante es a la naturaleza lo que le es la peste o el hambre, igualmente enviadas por su mano, la cual se sirve de todos los medios posibles para obtener antes esa materia prima de destrucción, absolutamente esencial para sus obras.

Dignémonos esclarecer un instante nuestra alma con la santa antorcha de la filosofía: ¿qué otra voz sino la de la naturaleza nos sugiere los odios personales, las venganzas, las guerras, en una palabra, todos esos motivos de asesinatos perpetuos? Y si ella nos lo aconseja, es que los necesita. ¿Cómo podemos nosotros, según esto, suponernos culpables ante ella, desde el momento en que no hacemos sino seguir sus miras?

Pero esto es más de lo necesario para convencer a cualquier lector ilustrado de que es imposible que el asesinato pueda ultrajar alguna vez a la naturaleza.

¿Hay crimen en política? Nos atrevemos a confesar, por el contrario, que desgraciadamente es uno de los grandes resortes de la política. ¿No fue a fuerza de asesinatos como Roma se convirtió en dueña del mundo? ¿No fue a fuerza de asesinatos como Francia es libre hoy? Es inútil advertir aquí que sólo se habla de asesinatos ocasionados por la guerra, y no de atrocidades cometidas por los facciosos y los desorganizadores; éstos, abocados a la execración pública, no necesitan ser invocados para excitar siempre el horror y la indignación generales. ¿Qué ciencia humana tiene más necesidad de sostenerse por el asesinato que aquella que sólo tiende a engañar, que aquella que no tiene otra meta que el crecimiento de una nación a expensas de otra? Las guerras, únicos frutos de esta bárbara política, ¿son otra cosa que los medios de que se nutre, con que se fortifica, con que se sostiene? ¿Y qué es la guerra sino la ciencia de destruir? Extraña ceguera la del hombre, que enseña públicamente el arte de matar, que

---

[52] Sade sigue en esta tesis de la generación espontánea a Buffon, aunque también había sido defendida por otros. [Nota del T]

recompensa al que mejor lo hace y que castiga a aquél que, por una causa particular, se ha deshecho de su enemigo. ¿No es hora de volver a hablar de errores tan bárbaros? Finalmente, ¿es el asesinato un crimen contra la sociedad? ¿Quién pudo nunca creerlo razonablemente? ¡Ah! ¿Qué le importa a esa numerosa sociedad que haya entre ella un miembro más o menos? Sus leyes, sus costumbres, sus usos, ¿se viciarán por ello? ¿Ha influido alguna vez la muerte de un individuo sobre la masa general? Y tras la pérdida de la mayor batalla, qué digo, tras la extinción de la mitad del mundo, de su totalidad si se quiere, el pequeño número de seres que pudiera sobrevivir, ¿experimentaría la menor alteración material? ¡Ah, no! La naturaleza entera no lo sentiría, y el tonto orgullo del hombre, que cree que todo está hecho para él, quedaría sorprendido tras la destrucción total de la especie humana si viera que nada varía en la naturaleza y que el curso de los astros no se ha retrasado siquiera por ello. Prosigamos.

¿Cómo debe verse el asesinato en un Estado guerrero y republicano?

Con toda seguridad, sería extremadamente peligroso desacreditar esa acción, o castigarla. La altivez del republicano exige un poco de ferocidad; si se ablanda, si su energía se pierde, pronto será sojuzgado. Aquí aparece una reflexión muy singular, pero como es verdadera pese a su audacia, la diré. Una nación que comienza a gobernarse como republica sólo se sostendrá por las virtudes, porque para llegar a lo más, siempre hay que empezar por lo menos; pero una nación ya envejecida y corrompida que valerosamente sacude el yugo de su gobierno monárquico para adoptar otro republicano, sólo se mantendrá mediante muchos crímenes; porque está ya en el crimen, y si quisiera pasar del crimen a la virtud, es decir, de un estado violento a un estado suave, caería en una inercia cuyo resultado sería muy pronto su ruina cierta. ¿Qué sería del árbol que transplantaseis de un terreno lleno de vigor a una llanura arenosa y seca? Todas las ideas intelectuales están tan subordinadas a la física de la naturaleza que las comparaciones proporcionadas por la agricultura jamás nos engañarán en moral.

Los hombres más independientes, los más cercanos a la naturaleza, los salvajes, se entregan con impunidad diariamente al asesinato. En Esparta y en Lacedemonia salían a la caza de ilotas como en Francia vamos a la de perdices. Los pueblos más libres son aquellos que mejor acogida le prestan. En Mindanao, quien quiere cometer un asesinato es elevado al rango de los valientes: le adornan al punto con un turbante; entre los caraguos hay que haber matado a siete hombres para obtener los honores de ese tocado; los habitantes de Borneo creen que todos cuantos matan les servirán cuando ya no existan; los devotos españoles llegaban a prometer a Santiago de Galicia matar doce americanos diarios; en el reino de Tangut[53] escogen un hombre joven, fuerte y vigoroso, al que le está permitido, en ciertos días del año, matar a todo el que encuentre. ¿Hubo algún pueblo más amigo del asesinato que los judíos? Lo vemos en todas las formas, en todas las páginas de su historia.

El emperador y los mandarines de China adoptan de cuando en cuando medidas para hacer que el pueblo se rebele, a fin de obtener mediante estas maniobras derecho a cometer una horrible carnicería. Si ese pueblo blando y afeminado se liberara del yugo de sus tiranos, los mataría a palos con mucho mayor motivo, y el asesinato, siempre

---

[53] Tangut, reino asiático en Tartaria, a orillas de China. [Nota del T.]

91

adoptado, siempre necesario, no haría más que cambiar de víctimas; era la dicha de unos, se convertirá en la felicidad de los otros.

Una infinidad de naciones toleran los asesinatos públicos; están totalmente permitidos en Génova, en Venecia, en Nápoles y en toda Albania; en Kachao[54], junto al río de Santo Domingo, los asesinos, con una vestimenta conocida y confesada, degüellan por orden vuestra y ante vuestros ojos al individuo que les señaléis; los indios toman opio para animarse al asesinato; precipitándose luego a las calles, masacran todo lo que encuentran a su paso; los viajeros ingleses han dado testimonio de esta manía en Batavia.

¿Qué pueblo fue a un tiempo más grande y más cruel que los romanos, y qué nación conservó por más tiempo su esplendor y su libertad? El espectáculo de los gladiadores mantuvo su coraje; se volvió guerrera por su hábito de convertir en un juego el asesinato. Doce o quince víctimas diarias llenaban la arena del circo, y allí, las mujeres, más crueles que los hombres, osaban exigir que los moribundos cayesen con gracia y mostraran sus formas aun bajo las convulsiones de la muerte. Los romanos pasaron de ahí al placer de ver estrangular enanos en su presencia; y cuando el culto cristiano, infectando la tierra, vino a persuadir a los hombres de que era malo matarse, los tiranos encadenaron al punto a ese pueblo, y los héroes del mundo se convirtieron pronto en juguetes.

Por doquiera, en fin, se ha creído con razón que el asesino, es decir, el hombre que ahogaba su sensibilidad hasta el punto de matar a un semejante y de arrostrar la venganza pública o particular, por doquiera, digo, se ha creído que semejante hombre tenía que ser muy peligroso, y en consecuencia muy precioso en un gobierno guerrero o republicano. Repasemos las naciones que, más feroces aún, sólo quedaron satisfechas inmolando niños, y con mucha frecuencia a los propios: veremos estas acciones, universalmente adoptadas, formar parte en ocasiones de las leyes. Muchos pueblos salvajes matan a sus hijos en cuanto nacen. Las madres, a orillas del río Orinoco, convencidas como estaban de que sus hijas sólo nacían para ser desgraciadas, puesto que su destino era convertirse en esposas de los salvajes de aquella comarca, que no podían soportar a las mujeres, las inmolaban tan pronto como las habían dado a luz. En Trapobana[55] y en el reino de Sopit, todos los niños deformes eran inmolados por los mismos padres. Las mujeres de Madagascar exponían a las bestias salvajes los hijos nacidos ciertos días de la semana. En las repúblicas de Grecia se examinaba cuidadosamente a los niños cuando llegaban al mundo, y si no los encontraban formados de manera que pudieran defender un día a la república, eran inmolados al punto: allí no consideraban esencial construir casas ricamente provistas para conservar esa vil espuma de la naturaleza humana[56]. Hasta el traslado de la sede del imperio, todos los romanos que no querían alimentar a sus hijos los arrojaban al vertedero. Los

---

[54] Kachao, capital del reino de Tonkín. [Nota del T]

[55] Trapobana, la actual Ceilán, conocida mejor como Taprobana. [Nota del T]

[56] Cabe esperar que la nación reforme este gasto, el más inútil de todos; todo individuo que nace sin las cualidades necesarias para ser un día útil a la república no tiene ningún de recho a conservar la vida, y lo mejor que puede hacerse es quitársela en el momento en que la recibe.

antiguos legisladores no tenían ningún escrúpulo en condenar a los niños a muerte, y nunca ninguno de sus códigos reprimió los derechos que un padre creyó tener siempre sobre su familia. Aristóteles aconsejaba el aborto; y estos antiguos republicanos, llenos de entusiasmo y de ardor por la patria, despreciaban esa conmiseración individual que se encuentra entre las naciones modernas; se amaba menos a los hijos, pero se amaba más al país. En todas las ciudades de China, cada mañana se encuentra una increíble cantidad de niños abandonados en las calles; una carreta los recoge al despuntar el día, y los arrojan a una fosa; a menudo las comadronas mismas liberan a las madres, ahogando nada más nacer sus frutos en cubos de agua hirviendo o arrojándolos al río. En Pekín, los ponen en pequeñas canastillas de juncos que abandonan en los canales; cada día retiran lo que flota en esos canales, y el célebre viajero Duhalde[57] estima en más de treinta mil el número diario que quitan cada vez. No puede negarse que no sea extraordinariamente necesario y extremadamente político poner coto a la población en un gobierno republicano; por intenciones completamente contrarias, hay que alentarla en una monarquía: en ésta, los tiranos sólo son ricos en razón del número de sus esclavos, necesitan evidentemente hombres; pero la abundancia de población, no lo dudemos, es un vicio real en un gobierno republicano. No hay, sin embargo, que degollarlos para disminuirlo, como decían nuestros modernos decenviros: sólo se trata de no permitirle los medios de extenderse más allá de los límites que su felicidad le prescribe. Guardaos de multiplicar demasiado un pueblo en el que cada ser es soberano y estad seguros de que las revoluciones no son nunca otra cosa que secuelas de una población muy numerosa. Si para esplendor del Estado concedéis a vuestros guerreros el derecho a destruir hombres, para la conservación de ese mismo Estado conceded igualmente a cada individuo que se entregue cuanto quiera, puesto que puede hacerlo sin ultrajar a la naturaleza, al derecho de deshacerse de los niños que no puede alimentar o de aquellos de los que el gobierno no puede sacar ningún beneficio; concededle asimismo deshacerse, con los riesgos y peligros a su costa, de todos los enemigos que pueden perjudicarle, porque el resultado de todas estas acciones, absolutamente nimias en sí mismas, será mantener vuestra población en un estado moderado y nunca lo bastante numeroso para perturbar vuestro gobierno. Dejad decir a los monárquicos que un Estado sólo es grande en razón de su extremada población: ese Estado será siempre floreciente si, contenido en sus justos límites, puede traficar con lo superfluo. ¿No podáis el árbol cuando tiene demasiadas ramas? Y para conservar el tronco, ¿no cortáis las ramas? Todo sistema que se aparte de estos principios será una extravagancia cuyos abusos enseguida nos llevarían a un vuelco total del edificio que acabamos de levantar con tanto esfuerzo. Pero no es cuando el hombre ya está hecho cuando hay que destruirlo a fin de disminuir la población: es injusto abreviar los días de un individuo bien conformado; no lo es, digo yo, impedir llegar a la vida a un ser que ciertamente será inútil al mundo. La especie humana debe ser depurada desde la cuna; hay que suprimir de su seno a todo aquel de quien se suponga que no habrá ser nunca útil a la sociedad; éstos son los únicos medios razonables para aminorar una población cuyo excesivo número es, como acabamos de demostrar, el más peligroso de los abusos.

Es hora de resumir.

---

[57] Jean Baptiste Duhalde, jesuita, autor de *Description... de la Chine et de la Tartarie chinoise*, París, 1735. [Nota del T]

¿Debe ser reprimido el asesinato con el asesinato? Indudablemente, no. No impongamos jamás al asesino otra pena que aquella en que puede incurrir por la venganza de los amigos o de la familia del muerto. Yo os otorgo *el perdón*, decía Luis XV a Charolais, que acababa de matar un hombre para divertirse, *pero también lo concedo a quien os mate.* Todas las bases de la ley contra los asesinos se encuentran en esa frase sublime[58].

En una palabra, el asesinato es un horror, pero un horror con frecuencia necesario, nunca criminal, esencial para que se tolere en un Estado republicano. He demostrado que el universo entero ha dado ejemplos de ello; pero ¿hay que considerarlo como una acción hecha para ser penada con la muerte? Quienes respondan al dilema siguiente habrán resuelto la pregunta: ¿El asesinato es un crimen ò no lo es? Si no lo es, ¿por qué hacer leyes que lo castiguen? Y si lo es, ¿por qué bárbara y estúpida inconsecuencia vais a castigarlo con un crimen igual?

Sólo nos queda hablar de los deberes del hombre para consigo mismo. Como el filósofo únicamente adopta esos deberes cuando tienden a su placer o a su conservación, es completamente inútil recomendarle su práctica, más inútil aún imponerle penas si falta a ellos.

El único delito que el hombre puede cometer en este género es el suicidio. No me entretendré probando aquí la imbecilidad de las personas que erigen esta acción en crimen: remito a la famosa carta de Rousseau[59] a quienes aún puedan tener alguna duda al respecto. Casi todos los antiguos gobiernos autorizaban el suicidio por política o por religión. Los atenienses exponían en el Areópago las razones que tenían para matarse: luego se apuñalaban. Todas las repúblicas de Grecia toleraron el suicidio; entraba en los planes de los legisladores; uno se mataba en público, y hacía de su muerte un espectáculo de aparato. La república de Roma alentó el suicidio: aquellas abnegaciones por la patria, tan célebres, no eran más que suicidios. Cuando Roma fue tomada por los galos, los más ilustres senadores se entregaron a la muerte; recuperando ese mismo espíritu, adoptemos las mismas virtudes. Durante la campaña del 92 un soldado se mató de pena por no poder seguir a sus camaradas en la acción de Jemmapes[60]. Siempre a la altura de estos orgullosos republicanos, pronto superaremos sus virtudes: es el gobierno el que hace al hombre. Un hábito tan prolongado de despotismo había debilitado

---

[58] La ley sálica sólo castigaba el asesinato con una simple multa, y como el culpable encontraba fácilmente medios para sustraerse a ella, Childeberto, rey de Austria, decretó, mediante una orden firmada en Colonia, la pena de muerte no contra el asesino, sino contra aquel que se sustrajera a la multa dictada contra el asesino. La ley ripuaria tampoco ordenaba contra esta acción otra cosa que una multa, proporcionada al individuo que había matado. Costaba muy caro si se trataba de un sacerdote: fabricaban para el asesino una túnica de plomo de su talla; y tenía que pagar el equivalente en oro del peso de esa túnica; en caso contrario, el culpable y su familia quedaban esclavos de la Iglesia.

[59] Alusión a la carta *XXI*, en la tercera parte de *La Nueva Eloísa*, en la que Rousseau escribe por la pluma de Saint-Preux: «Cuanto más reflexiono, más me parece que la cuestión se reduce a esta proposición fundamental: buscar su bien y huir su mal, en lo que no ofende a otro es derecho de la naturaleza. Cuando nuestra vida es un mal para nosotros y no es un bien para nadie, entonces está permitido librarse de ella. Si hay en el mundo una máxima evidente y cierta, pienso que es ésta...» [Nota del T]

[60] Batalla de 1792 ganada por Dumouriez. Véase la nota siguiente. [Nota del T.]

totalmente nuestro coraje; había depravado nuestras costumbres; pronto vamos a ver de qué acciones sublimes es capaz el genio, el carácter francés, cuando es libre; al precio de nuestras fortunas y de nuestras vidas, sostengamos esa libertad que ya nos ha costado tantas víctimas; no lo lamentemos si alcanzamos nuestra meta; ellas mismas, todas, se han entregado voluntariamente; no volvamos su sangre inútil; pero unión... unión, o perderemos el fruto de todos nuestros esfuerzos; probemos leyes excelentes sobre las victorias que acabamos de conseguir; nuestros primeros legisladores, esclavos aún del déspota que por fin hemos abatido, no nos dieron más que leyes dignas de ese tirano, al que todavía incensaban; rehagamos su obra, pensemos que es para republicanos y para filósofos para los que por fin vamos a trabajar; que nuestra leyes sean dulces como el pueblo que deben regir.

Al presentar aquí, como acabo de hacerlo, la nimiedad, la indiferencia de una infinidad de acciones que nuestros antepasados, seducidos por una religión falsa, miraban como criminales, reduzco nuestro trabajo a bien poco. Hagamos pocas leyes, pero que sean buenas. No se trata de multiplicar los frenos: se trata de dar al que utilicemos una calidad indestructible. Que las leyes que promulguemos no tengan otra meta que la tranquilidad del ciudadano, su felicidad y el esplendor de la república. Mas, después de haber arrojado al enemigo de vuestras tierras, franceses, no quisiera que el ardor de propagar vuestros principios os arrastrase más lejos; sólo con el hierro y el fuego podríais llevarlos al fin del universo. Antes de cumplir tales resoluciones, acordaos de los desgraciados sucesos de las Cruzadas. Cuando el enemigo esté al otro lado del Rhin, creedme, guardad vuestras fronteras y quedaos en casa; reanimad vuestro comercio, dad de nuevo energía y salidas a vuestras manufacturas; haced florecer vuestras artes, animad la agricultura, tan necesaria en un gobierno como el vuestro y cuyo espíritu debe poder abastecer a todo el mundo sin que nadie pase necesidad; dejad a los tronos de Europa desmoronarse por sí mismos; vuestro ejemplo, vuestra prosperidad los derrocarán pronto sin que tengáis necesidad de intervenir.

Invencibles en vuestro interior y modelos de todos los pueblos por vuestra civilización y vuestras buenas leyes, no habrá gobierno en el mundo que no trabaje por imitaros, ni uno sólo que no se honre con vuestra alianza; mas si, por el vano honor de llevar vuestros principios lejos, abandonáis el cuidado de vuestra propia felicidad, el despotismo, que sólo está adormecido, renacerá, las disensiones intestinas os desgarrarán, habréis agotado vuestras finanzas y vuestras conquistas, y todo esto para volver a besar los hierros que habrán de imponeros los tiranos que os habrán subyugado durante vuestra ausencia. Todo lo que deseáis puede hacerse sin que sea necesario abandonar vuestros hogares; que los demás pueblos os vean felices, y correrán a la dicha por el mismo camino que vosotros les habréis trazado[61].

EUGENIA, *a Dolmancé:* Eso es lo que se dice un escrito muy sabio, y tan ajustado a vuestros principios, al menos en muchos puntos, que estoy tentada por creeros su autor.

---

[61] Recuérdese que la guerra exterior no fue nunca propuesta más que por el infame Dumouriez. [Charles-François du Perrier, Dumouriez (1739-1823), será juzgado casi en los mismos términos por Michelet: «Un aventurero cínico con el que el antiguo régimen gratificó al nuevo. Alzado hasta las nubes en 1792, cayó en el oprobio y en el desprecio desde el año siguiente. Este hombre traicionaba con una especie de voluptuosidad.» *(Histoire de la Révolution française.)*] [Nota del T.]

DOLMANCÉ: Es muy cierto que estoy de acuerdo con gran parte de esas reflexiones, y mis discursos, que os lo han demostrado, dan incluso a la lectura que acabamos de hacer las apariencias de una repetición...

EUGENIA, *cortándole: No* me he dado cuenta; nunca se repetirán demasiado las cosas buenas; encuentro, sin embargo, peligrosos algunos de esos principios.

DOLMANCÉ: No hay en el mundo nada más peligroso que la piedad y la beneficencia; la bondad no es nunca otra cosa que una debilidad, y la ingratitud y la impertinencia de los débiles fuerzan siempre a las gentes honradas a arrepentirse de ella. Si a un buen observador se le ocurre calcular todos los peligros de la piedad, y los compara luego con los de una firmeza sostenida, verá si no son más los primeros. Pero vamos demasiado lejos, Eugenia; resumamos para vuestra educación el único consejo que puede sacarse de cuanto acabamos de deciros: no escuchéis nunca a vuestro corazón, hija mía; es el guía más falso que hemos recibido de la naturaleza; cerradlo con gran cuidado a los acentos falaces de la desdicha; más vale rechazar el que realmente debiera interesaros que arriesgaros a dar al malvado, al intrigante o al farsante: lo primero tiene muy leves consecuencias, lo segundo los mayores inconvenientes.

EL CABALLERO: Séame permitido, por favor, dudar y destruir, si puedo, los principios de Dolmancé. ¡Ah! ¡Cuán diferentes serían, hombre cruel, si, privado de esa fortuna inmensa en que encuentras sin cesar los medios de satisfacer tus pasiones, languidecieses algunos años en esa abrumadora miseria que tu espíritu feroz se atreve a reprochar a los miserables! Echa una ojeada piadosa sobre ellos, y no cierres tu alma hasta el punto de endurecerla sin remedio a los gritos desgarradores de la necesidad. Cuando tu cuerpo, harto sólo de voluptuosidades, descanse lánguidamente en lechos de pluma, mira el suyo, abatido por trabajos que a ti te permiten vivir, recogiendo apenas un poco de paja para preservarse del frío de la tierra, pues no tienen, como los animales, más que su fría superficie para tenderse; lanza una mirada sobre ellos, rodeado de platos suculentos con los que cada día veinte discípulos de Comus despiertan tu sensualidad, mientras esos desgraciados disputan a los lobos, en los bosques, la raíz amarga de un suelo reseco; cuando los juegos, las gracias y las risas lleven a tu yacija impura los objetos más conmovedores del templo de Citerea, mira al- miserable tendido junto a su triste esposa, satisfecho de los placeres que recoge en medio de las lágrimas sin sospechar siquiera que existan otros; míralo cuando tú no te prohíbes nada, cuando nadas en medio de lo superfluo; míralo, te digo, carecer incluso constantemente de las necesidades más primarias de la vida; echa una ojeada sobre su familia desolada; mira a su esposa temblorosa repartirse con ternura entre los cuidados que debe a su marido, que languidece a su lado, y los que la naturaleza le impone para con los brotes de su amor, privada de la posibilidad de cumplir ninguno de esos deberes tan sagrados para su alma sensible; ¡mírala, sin estremecerte si es que puedes, reclamar de ti eso superfluo que tu crueldad le niega!

Bárbaro, ¿no son acaso hombres como tú? Y si se te parecen, ¿por qué tú debes gozar mientras ellos languidecen? Eugenia, Eugenia, no apaguéis jamás en vuestra alma la voz sagrada de la naturaleza: es a la beneficencia a lo que os conducirá a pesar vuestro, cuando separéis su órgano del fuego de las pasiones que lo absorben. Dejemos los principios religiosos, de acuerdo; pero no abandonemos nunca las virtudes que la sensibilidad nos inspira; sólo practicándolas gustaremos los goces más dulces y más deliciosos del alma. Todos los extravíos de vuestro espíritu serán redimidos por una buena obra; ella apagará en vos los remordimientos que vuestra mala conducta provocará en él y, formando en el fondo de vuestra conciencia un asilo sagrado al que a veces os replegaréis con vos misma, encontraréis ahí consuelo a los extravíos a que vuestros errores os habrán arrastrado. Hermana mía, soy joven, soy libertino, impío, soy capaz de todos los desenfrenos del espíritu, pero aún me queda mi corazón, y es puro, y es con él, amigos míos, con el que me consuelo de todos los defectos de mi edad[62].

DOLMANCÉ: Sí, caballero, sois joven, lo demostráis con vuestro discurso; os falta experiencia; espero a que ella os haya madurado; entonces, querido mío, no hablaréis tan bien de los hombres, porque los habréis conocido. Fue su ingratitud lo que secó mi corazón, su perfidia lo que destruyó en mí esas virtudes funestas para las que, como vos, acaso había nacido. Ahora bien, si los vicios de unos vuelven en otros peligrosas estas virtudes, ¿no es hacer un servicio a la juventud ahogarlos en ella a tiempo? ¿Qué me dices de remordimientos, amigo mío? ¿Pueden existir en el alma de quien no reconoce el crimen en nada? Que vuestros principios los apaguen si teméis su aguijón: ¿os será posible arrepentiros de una acción de cuya indiferencia estéis profundamente convencido? Desde el momento en que no creáis que hay algo malo, ¿de qué mal podréis arrepentiros?

EL CABALLERO: No es del espíritu de donde vienen los remordimientos; sólo son fruto del corazón, y jamás los sofismas de la cabeza apagaron los movimientos del alma.

DOLMANCÉ: Pero el corazón engaña, porque nunca es otra cosa que la expresión de los falsos cálculos de espíritu; madurad éste, el otro cederá al punto; cuando queremos razonar, siempre falsas definiciones nos extravían; yo no sé lo que es el corazón: llamo así a las debilidades del espíritu. Una sola y única antorcha resplandece en mí: cuando estoy sano y seguro, nunca me induce a error. ¿Que soy viejo, hipocondríaco o pusilánime? Me engaña; entonces me califico de sensible, mientras que en el fondo no soy otra cosa que débil y tímido. Te lo repito una vez más, Eugenia: que esta pérfida sensibilidad no abuse de vos; no es, y estad bien segura de ello, más que la debilidad del alma; sólo se llora porque se teme, y por eso son tiranos los reyes. Rechazad, detestad pues los pérfidos consejos del caballero; al deciros que abráis vuestro corazón a todos los males imaginarios del infortunio, trata de inventar para vos un montón de penas que, sin ser vuestras, os desgarrarían pronto para nada. ¡Ah, creed, Eugenia, creed que los placeres nacidos de la apatía valen más que los que la sensibilidad os da; ésta no sabe más que alcanzar en un sentido el corazón que el otro acaricia y trastorna por todas partes. En una palabra, ¿pueden compararse los goces permitidos con los goces que unen a los atributos más excitantes aquellos otros, inapreciables, de la ruptura de los frenos sociales y del atropello de todas las leyes?

EUGENIA: ¡Tú triunfas, Dolmancé, tú ganas! Los discursos del caballero apenas rozan mi alma; ¡los tuyos la seducen y la arrastran! ¡Ah! Creedme, caballero, dirigíos más a las pasiones que a las virtudes cuando queráis persuadir a una mujer.

SRA. DE SAINT-ANGE, al caballero: Sí, amigo mío, jódeme bien pero no me sermonees: no nos convertirás, y podrías perjudicar las lecciones con que queremos alimentar el alma y la mente de esta encantadora niña.

---

[62] Hay un nuevo eco de las doctrinas rousseaunianas. [Nota del T.]

EUGENIA: ¿Perturbar? ¡Oh! ¡No, no! Vuestra obra está acabada; lo que los tontos llaman corrupción se ha asentado ahora con tanta fuerza en mí que no hay esperanza de retorno siquiera, y vuestros principios están demasiado bien apuntalados en mi corazón para que los sofismas del caballero lleguen alguna vez a destruirlos.

DOLMANCÉ: Tiene razón, no hablemos más de ello, caballero; cometeríais un error, y no queremos de vos otra cosa que vuestro comportamiento.

EL CABALLERO: De acuerdo; sé que aquí estamos para un objetivo muy distinto del que yo querría alcanzar; vayamos derechos a ese objetivo, de acuerdo; guardaré mi moral para aquellos que, menos ebrios que vos, estén en condiciones de oírme.

SRA. DE SAINT-ANGE: Sí, hermano mío, sí, sí, no nos des otra cosa que tu leche; te perdonamos la moral; es demasiado dulce para las *personas sin principios* de nuestra especie.

EUGENIA: Temo mucho, Dolmancé, que esa crueldad que preconizáis con ardor influya algo en vuestros placeres; ya me ha parecido observarlo, sois duro al gozar; también percibo en mí algunas disposiciones para ese vicio. Para desenredar mis ideas sobre todo esto, decidme por favor, ¿cómo miráis al objeto que sirve a vuestros placeres?

DOLMANCÉ: Como algo absolutamente nulo, querida; que comparta o no mis goces, que experimente o no contento, apatía o incluso dolor, con tal que yo sea feliz, lo demás me da lo mismo.

EUGENIA: Es mejor incluso que ese objeto sienta dolor, ¿verdad?

DOLMANCÉ: Por supuesto, es mucho mejor; ya os lo he dicho: su repercusión, más activa en nosotros, determina con mayor energía y rapidez los espíritus animales en la dirección que necesitan para la voluptuosidad. Abrid los serrallos de África, los de Asia, los de vuestra Europa meridional, y ved si los jefes de esos célebres harenes se preocupan mucho, cuando se les pone tiesa, de dar placer a los individuos que les sirven; ordenan, son obedecidos; gozan, nadie se atreve a responderles; se satisfacen y entonces se van. Hay entre ellos algunos que castigarían como una falta de respeto a la audacia de compartir su goce. El rey de Achem[63] manda cortar despiadadamente la cabeza de la mujer que ose olvidarse de ello en su presencia hasta el punto de gozar, y muy a menudo se la corta él mismo. Este déspota, uno de los más singulares de Asia, está guardado sólo por mujeres; siempre les da sus órdenes mediante signos; la muerte más cruel es el castigo para las que no le comprenden, y los suplicios se ejecutan siempre por su mano o ante sus ojos.

Todo esto, mi querida Eugenia, está basado por entero en los principios que ya os he mostrado. ¿Qué se desea cuando gozamos? Que todo lo que nos rodea se ocupe exclusivamente de nosotros, que no piense más que en nosotros, que cuide solo de nosotros. Si los objetos que nos sirven gozan, desde ese momento los tenemos probablemente más ocupados de ellos que de nosotros, y nuestro goce por lo tanto resulta perturbado. No hay hombre que no quiera ser déspota cuando está caliente; es como si tuviera menos placer si los otros parecen sentir tanto como él. Por un movimiento de orgullo, muy natural en ese momento, quisiera ser el único en el mundo capaz de experimentar lo que siente; la idea de ver a otro gozar como él, le remite a una especie de igualdad que perjudica los indecibles atractivos que el despotismo hace experimentar entonces[64]. Es falso, por otra parte, que haya placer en darlo a los demás; eso es servirlos,

---

[63] Achem, Achim, o Acenim, era capital del reino del mismo nombre, en la isla de Sumatra. [Nota del T.]

y, cuando la tiene dura, el hombre está lejos del deseo de ser útil a los demás. Al contrario, haciendo el mal experimenta todos los encantos que gusta un individuo nervioso haciendo uso de sus fuerzas; entonces domina, es *tirano*. ¡Qué diferencia para el amor propio! No creemos que en tal caso se calle.

El acto del goce es una pasión que subordina a ella, y lo acepto, todas las demás, pero que al mismo tiempo las reúne. Ese deseo de dominar en ese momento es tan fuerte en la naturaleza que incluso se reconoce en los animales. Ved si los que están en esclavitud procrean como los que están libres. El dromedario va más lejos: no engendra si no se cree solo. Tratad de sorprenderlo y de demostrarle así que tiene un amo: huirá y se separará inmediatamente de su compañía. Si la intención de la naturaleza no fuera que el hombre tuviera esta superioridad, no habría creado más débiles que él a los seres que ella le destina en ese momento. Esta debilidad a que la naturaleza condenó a las mujeres prueba de forma irrefutable que su intención es que el hombre, que goza más que nunca entonces de su potencia, la ejerza mediante todas las violencias que buenamente le parezca, incluso mediante suplicios. La crisis de la voluptuosidad, ¿no sería una especie de rabia si la intención de esta madre del género humano no fuera que el trato en el coito fuese el mismo que en la cólera? En una palabra, ¿qué hombre bien constituido, qué hombre dotado de órganos vigorosos no desea, bien de una forma, bien de otra, molestar su goce en ese momento? Sé de sobra que una infinidad de imbéciles, que nunca se dan cuenta de sus sensaciones, comprenderán mal los sistemas que establezco; pero ¿qué me importan esos imbéciles? No es a ellos a quien hablo. Sosos adoradores de las mujeres, les dejo esperar a los pies de su insolente dulcinea el suspiro que debe hacerlos felices y, bajamente esclavos del sexo que deberían dominar, los entrego a los viles encantos de llevar las cadenas con que la naturaleza les da el derecho de abrumar a los otros. Que esos animales vegeten en la bajeza que los envilece: sería vano que predicáramos para ellos. Pero que no denigren lo que no pueden entender, y que se convenzan de que quienes sólo quieren establecer sus principios en esta suerte de materias sobre los impulsos de un alma vigorosa y de una imaginación sin freno, como vos y yo, señora, hacemos, siempre serán los únicos que merecerán ser escuchados, los únicos que están hechos para prescribirles las leyes y para las lecciones...

¡Joder! ¡La tengo tiesa!... Llamad a Agustín, os lo suplico. *(Llaman; él entra.)* ¡Es inaudito cómo el soberbio culo de este hermoso muchacho está en mi cabeza desde que hablo! Todas mis ideas parecían referirse involuntariamente a él... Muestra a mis ojos esa obra maestra, Agustín..., ¡quiero besarla y acariciarla un cuarto de hora! Ven, amorcito, ven, que en tu bello culo me haga yo digno de las llamas con que Sodoma me abrasa... ¿Hay nalgas más bellas..., más blancas? ¡Quisiera que Eugenia, de rodillas, le chupase la polla mientras tanto! Con su postura expondría su trasero al caballero, que la encularía, y la Sra. de Saint-Auge, a caballo a lomos de Agustín, me ofrecería sus nalgas a besar; armada con un puñado de vergas, quizá pudiera, inclinándose un poco, según me parece, azotar al caballero, a quien esta estimulante ceremonia incitaría a no tener contemplaciones con nuestra alma. *(Se colocan en esa postura.)* Sí, así es; ¡todo está a las mil maravillas, amigos míos! De veras, es un placer pediros cuadros; no hay

---

[64] La pobreza de la lengua francesa nos obliga a emplear palabras que nuestro feliz gobierno reprueba hoy día con tanta razón; esperamos que nuestros ilustrados lectores nos entiendan y no confundan el absurdo despotismo político con el muy lujurioso despotismo de las pasiones de libertinaje.

artista en el mundo en situación de ejecutarlos como vosotros. ¡Este bribón tiene el culo de un estrecho!... Todo lo que puedo hacer es alojarme en él... ¿Me permitiríais, señora, morder y pellizcar vuestras hermosas carnes mientras follo?

SRA. DE SAINT-ANGE: Cuanto queráis, amigo mío; mas mi venganza está dispuesta, te lo advierto; juro que a cada vejación, te soltaré un pedo en la boca.

DOLMANCÉ: ¡Ah! ¡Santo Dios! ¡Qué amenaza! Es apremiarme a ofenderte. *(La muerde.)* ¡Veamos si mantienes la palabra! *(Recibe un pedo.)* ¡Ah! ¡Jo*der! ¡Delicioso, delicioso!... *(Le da un azote y al instante recibe otro pedo.)* ¡Oh! ¡Es divino, ángel mío!

Guárdame algunos para el momento de la crisis... y puedes estar segura de que entonces te trataré con toda la crueldad... toda la barbarie... ¡Joder!... no puedo más... ¡Me corro!... *(La muerde, le da azotes, y ella no cesa de soltar pedos.)* ¿Ves cómo te trato, bribona..., cómo te domino?... Uno más... y éste... ¡y que el último insulto sea para el ídolo mismo donde he sacrificado! *(La muerde en el ojete del culo; la postura se deshace.)* Y vosotros, amigos míos, ¿qué habéis hecho?

EUGENIA, *echando la leche que tiene en el culo y en la boca:* ¡Ay, maestro mío..., ya veis cómo me han puesto vuestros alumnos! Tengo el trasero y la boca llenos de leche, no suelto más que leche por todas partes.

DOLMANCÉ, *vivamente:* Esperad, quiero que me echéis en la boca la que el caballero os ha metido en el culo.

EUGENIA, *colocándose:* ¡Qué extravagancia!

DOLMANCÉ: ¡Ah!, nada es tan bueno como la leche que sale del fondo de un hermoso trasero... Es un manjar digno de dioses. *(Lo traga.)* Mirad cuánto me importa. *(Volviéndose hacia el culo de Agustín, que besa.)* Voy a pediros permiso, señoras mías, para pasar un momento al gabinete vecino con este joven.

SRA. DE SAINT-ANGE: ¿No podéis hacer aquí con él cuanto os plazca?

DOLMANCÉ, *en voz baja y misteriosa:* No, hay ciertas cosas que exigen velos de todo punto. EUGENIA: ¡Ah! ¡Vaya! Por lo menos ponednos al corriente.

SRA. DE SAINT ANGE: No le dejo irse sin ello.

DOLMANCÉ: ¿Queréis saberlo?

EUGENIA: Absolutamente.

DOLMANCÉ, *arrastrando a Agustín:* Pues bien, señoras mías, voy..., pero, de veras, no puede decirse.

SRA. DE SAINT-ANGE: ¿Hay acaso alguna infamia en el mundo que no seamos dignos de oír y de ejecutar?

EL CABALLERO: Bueno, hermana mía, voy a decírosla. *(Habla en voz baja a las dos mujeres.)*

EUGENIA, *con aire de repugnancia:* Tenéis razón, es horrible.

SRA. DE SAINT ANGE: ¡Oh! ¡Me lo temía!

DOLMANCÉ: Como veis, debía callaros esa fantasía; ahora comprenderéis que hay que estar solo y en la sombra para entregarse a semejantes bajezas.

EUGENIA: ¿Queréis que vaya con vos? Mientras vos os divertís con Agustín, yo os la menearé.

DOLMANCÉ: *No,* no, esto es un asunto de honor que debe hacerse sólo entre hombres: una mujer nos perturbaría... Dentro de un momento estoy con vosotras, señoras mías. *(Sale arrastrando consigo a Agustín.)*

Sexto Diálogo

SEÑORA DE SAINT-ANGE, EUGENIA, EL CABALLERO

SRA. DE SAINT-ANGE: En serio, hermano mío, ¡qué libertino es tu amigo!

EL CABALLERO: Por lo tanto no te he engañado presentándotelo como tal.

EUGENIA: Estoy convencida de que no tiene igual en el mundo... ¡Oh! ¡Querida, es encantador! Veámoslo a menudo, te lo suplico.

SRA. DE SAINT-ANGE: Llaman... ¿Quién puede ser? Había prohibido que a mi puerta... Ha de ser algo muy urgente... Ve a ver de qué se trata, caballero, por favor.

EL CABALLERO: Una carta que trae Lafleur; se ha retirado apresuradamente, diciendo que recordaba las órdenes que le habíais dado, pero que le había parecido tan importante como urgente.

SRA. DE SAINTANGE: ¡Ah! ¡Ah! ¿Qué es esto? ... ¡Es de vuestro padre, Eugenia!

EUGENIA: ¡Mi padre!... ¡*Ay!* ¡Estamos perdidas!...

SRA. DE SAINT-ANGE: Leamos antes de desanimarnos. *(Lee.)*

¿Podéis creer, hermosa amiga, que mi insoportable esposa, alarmada por el viaje de mi hija a vuestra casa, parte ahora mismo en su busca? Se imagina tantas cosas... que, aun sospechando que fueran ciertas, no serían en verdad sino muy simples. Os ruego que la castiguéis rigurosamente por esta impertinencia; yo la corregí ayer por una semejante; la lección no ha bastado. Jugadle una buena pasada, os lo pido como gracia, y creed que cualquiera sea el extremo a que llevéis las cosas no me quejaré... Hace tanto tiempo que esta ramera me carga... que, en verdad... ¿Me entendéis? Lo que hagáis estará bien hecho. Es cuanto puedo deciros. Llegará poco después de mí carta; estad en guardia por lo tanto. Adiós; de buena gana quisiera ser de los vuestros. No me devolváis a Eugenia hasta que no esté instruida, os lo suplico. Quiero dejaros a vosotros las primeras cosechas, pero estadseguros, sin embargo, de que habréis trabajado en cierto modo para mí.

Bueno, Eugenia, ¿ves hasta qué punto no hay que asustarse? Habrás de convenir que esa mujercita es muy insolente.

EUGENIA: ¡Esa puta!... ¡Ay, querida, puesto que mi papá nos da carta blanca, te lo ruego, hemos de recibir a esa ramera como se merece!

SRA. DE SAINT-ANGE: Bésame, amor mío. ¡Cuánto me gusta ver en ti tan buenas disposiciones!... Vamos, tranquilízate; te aseguro que no tendremos contemplaciones. ¿Tú querías una víctima, Eugenia? Pues aquí la naturaleza y el azar te dan una.

EUGENIA: La gozaremos, querida, la gozaremos, te lo juro.

SRA. DE SAINT-ANGE: ¡Ay, cuánto me impacienta saber cómo recibirá Dolmancé esta noticia!

DOLMANCÉ, *regresando con Agustín:* De mil amores, señoras mías; no estaba lo bastante lejos como para no oíros, lo sé todo... La Sra. de Mistival no podría venir más a propósito... Espero que estéis totalmente decidida a cumplir los deseos de su marido.

EUGENIA, *a Dolmancé:* ¿A cumplirlos?... ¡A sobrepasarlos, querido!... ¡Ah! Que la tierra se hunda a mis pies si me veis ablandarme, sean cuales fueren los horrores a que condenéis a esa furcia... Querido amigo, encárgate, por favor, de dirigir todo esto.

DOLMANCÉ: Dejad hacer a vuestra amiga y a mí; vos limitaos a obedecer, es lo único que os pedimos... ¡Ah! ¡Insolente criatura! ¡jamás vi nada semejante!...

SRA. DE SAINT ANGE: ¡Qué torpe es! Y bien, ¿nos ponemos algo más decente para recibirla?

DOLMANCÉ: Todo lo contrario; es preciso que desde que entre no conciba la más mínima duda sobre la forma que tenemos de pasar el tiempo con su hija. Coloquémonos en el mayor desorden.

SRA. DE SAINT-ANGE: Oigo ruido: es ella. ¡Vamos, valor, Eugenia! ¡Recuerda bien nuestros principios!... ¡Ay, santo Dios! ¡Qué escena tan deliciosa!...

Séptimo y último Diálogo

SEÑORA DE SAINT-ANGE, EUGENIA, EL CABALLERO, AGUSTÍN, DOLMANCÉ, SEÑORA DE MISTIVAL

SRA. DE MISTIVAL, *a la Sra. de Saint-Ange:* Os ruego que me excuséis, señora, por llegar a vuestra casa sin preveniros; pero me han dicho que mi hija está aquí y, como su edad no permite todavía que vaya sola, os ruego, señora, tengáis a bien devolvérmela y no desaprobar mi llegada.

SRA. DE SAINT-ANGE: *Su* llegada es de lo más descortés, señora; de oíros se diría que vuestra hija está en malas manos.

SRA. DE MISTIVAL: A fe mía que si hay que juzgar por el estado en que la encuentro a ella, a vos y a vuestra compañía, señora, creo que no me equivoco mucho pensando que está muy mal aquí.

DOLMANCÉ: Ese principio es impertinente, señora, y sin conocer exactamente el grado de las relaciones que existen entre la Sra. de Saint-Ange y vos, no os oculto que yo, en su lugar, os habría mandado tirar por la ventana.

SRA. DE MISTIVAL: ¿Qué entendéis vos por tirar por la ventana? ¡Sabed, señor, que no se tira por ahí a una mujer como yo! Ignoro quién sois, pero por vuestras palabras, por el estado en que os halláis, es fácil juzgar vuestras costumbres. ¡Eugenia, sígueme!

EUGENIA: Os pido perdón, señora, pero no puedo tener ese honor.

SRA. DE MISTIVAL: ¡Cómo! ¡Mi hija se me resiste!

DOLMANCÉ: Os desobedece formalmente incluso, como veis, señora. Creedme, no lo permitáis. ¿Queréis que mande a buscar azotes para corregir a esta niña indócil?

EUGENIA: Mucho me temo que, si los trajeran, sirviesen más para la señora que para mí.

SRA. DE MISTIVAL: ¡Impertinente criatura!

DOLMANCÉ, *acercándose a la Sra. de Místival:*Despacio, amor mío, nada de insultos; todos nosotros protegemos a Eugenia, y podríais arrepentiros de vuestras vehemencias con ella.

SRA. DE MISTIVAL: ¡Cómo! ¿Mi hija me ha de desobedecer y yo no he de poder hacerle sentir los derechos que tengo sobre ella?

DOLMANCÉ: ¿Y cuáles son esos derechos, por favor, señora? ¿Alardeáis de su legitimidad? Cuando el Sr. de Místival, o no sé quién, os lanzó en la vagina las gotas de leche que hicieron brotar a Eugenia, ¿la tuvisteis en cuenta entonces? No, ¿verdad? Pues bien, ¿qué agradecimiento queréis que os tenga hoy por haberos corrido cuando os jodían ese despreciable coño? Sabed, señora, que no hay nada más ilusorio que los sentimientos del padre o de la madre para con los hijos, ni los de éstos por los autores de sus días. Nada funda, nada establece semejantes sentimientos, en uso aquí, detestados allá, puesto que hay países en que los padres matan a sus hijos, otros en los que éstos degüellan a aquellos de los que han recibido la vida. Si los movimientos de amor recíproco correspondieran *a* la naturaleza, la fuerza de la sangre no sería ya quimérica, y sin verse, sin conocerse mutuamente, los padres distinguirían, adorarían a sus hijos, y a la inversa, éstos, en medio de la mayor asamblea, reconocerían a sus padres desconocidos, volarían a sus brazos y los adorarían. ¿Qué vemos en lugar de esto? Odios recíprocos e inveterados; hijos que, incluso antes de la edad de razón, nunca han podido soportar la vista de sus padres; padres que alejan a sus hijos de sí porque nunca pudieron sufrir su proximidad. Estos pretendidos impulsos son por tanto ilusorios, absurdos; sólo el interés los imaginó, el uso los prescribió, la costumbre los sostuvo, pero jamás los imprimió la naturaleza en nuestros corazones. Ved si los conocen los animales; indudablemente, no: y sin embargo, a ellos hay que remitirse siempre que se quiere conocer la naturaleza. ¡Oh padres! Tranquilizaos por tanto sobre las pretendidas injusticias que vuestras pasiones o vuestros intereses os llevan a cometer sobre esos seres nulos para vosotros, a los que algunas gotas de vuestro esperma han dado la luz; no les debéis nada, estáis en el mundo para vosotros y no para ellos; estaríais muy locos si os molestarais, si no os ocuparais más que de vosotros: sólo para vosotros debéis vivir; y vosotros, hijos, mucho más libres, si es posible, de esa piedad filial cuya base es una verdadera quimera, convenceos asimismo de que tampoco debéis nada a esos individuos cuya sangre os ha traído a la vida. Piedad, reconocimiento, amor, ninguno de esos sentimientos se les debe; quienes os han dado la vida no tienen ni un solo título para exigirlos de vosotros; no trabajan más que para ellos, que se las apañen; pero el mayor de todos los engaños sería darles cuidados o ayudas que no les debéis por ningún concepto; nada prescribe la ley sobre esto, y si por casualidad imagináis que el órgano de esos sentimientos está en las inspiraciones del uso o en las de los efectos morales del carácter, ahogad sin remordimientos tales sentimientos absurdos..., sentimientos locales, fruto de costumbres climáticas[65] que la naturaleza reprueba y que siempre desautorizó la razón.

SRA. DE MISTIVAL: ¡Cómo! ¡Los cuidados que con ella he tenido, la educación que le he dado!...

DOLMANCÉ: ¡Oh! Respecto a los cuidados, nunca han sido otra cosa que fruto de la costumbre o del orgullo; como no habéis hecho por ella más de lo que prescriben las costumbres del país en que habitáis, evidentemente Eugenia no os debe nada. En cuanto a

---

[65] El texto sadiano dice *climatérales*, término desconocido por los diccionarios franceses. [Nota del T]

la educación, tiene que haber sido muy mala, porque aquí nos hemos visto obligados a refundir todos los principios que le habéis inculcado; no hay uno solo encaminado a su felicidad, ni uno que no sea absurdo o quimérico. ¡Le habéis hablado de Dios, como si existiera alguno; de virtud, como si fuera necesaria; de religión, como si todos los cultos religiosos fuesen otra cosa que el resultado de la impostura del más fuerte y de la imbecilidad del más débil; de Jesucristo, como si ese tunante no fuera otra cosa que un trapacero y un malvado! Le habéis dicho que *joder* era un pecado, mientras que *joder* es la acción más deliciosa de la vida; habéis querido darle buenas costumbres, como si la felicidad de una joven no estuviera en el desenfreno y la inmoralidad, como si la más feliz de todas las mujeres no tuviera que ser, indiscutiblemente, la que más se revuelca en la porquería y el libertinaje, la que mejor desafía todos los embustes y la que más se burla de la reputación. ¡Ah! Desengañaos, desengañaos, señora. Nada habéis hecho por vuestra hija, ninguna obligación que esté dictada por la naturaleza habéis cumplido respecto a ella: Eugenia no os debe, pues, más que odio.

SRA. DE MISTIVAL: ¡Santo cielo! Mi Eugenia está perdida, es evidente... Eugenia, mi querida Eugenia, oye por última vez las súplicas de la que te ha dado la vida; ya no son órdenes, hija mía, son súplicas; por desgracia es demasiado cierto que aquí estás entre monstruos; ¡aléjate de este comercio peligroso y sígueme, te lo pido de rodillas! *(Se echa a sus pies.)*

DOLMANCÉ: ¡Ah! ¡Bueno! ¡Vaya escena de lagrimas!... ¡Vamos, Eugenia, enterneceos!

EUGENIA, *medio desnuda, corno se recordará: To*mad, mamaíta, os doy mis nalgas... ahí las tenéis, a la altura de vuestra boca; besadlas, corazón mío, chupadlas, es todo cuanto Eugenia puede hacer por vos... Recuerda, Dolmance, que siempre me mostraré digna de ser tu alumna.

SRA. DE MISTIVAL, *rechazando a Eugenia con horror:* ¡Ah! ¡Monstruo! ¡Aléjate, reniego para siempre de que seas hija mía!

EUGENIA: ¡Unid a ello vuestra maldición, madrecita mía, si queréis, para que la cosa sea más conmovedora, y me veréis siempre de la misma flema!

DOLMANCÉ: ¡Oh! Despacio, despacio, señora; eso ha sido un insulto; acabáis de rechazar a Eugenia con demasiada dureza; ya os he dicho que está bajo nuestra protección; es preciso un castigo para este crimen; tened la bondad de desnudaros por completo para recibir el que merece vuestra brutalidad.

SRA. DE MISTIVAL: ¡Desnudarme!...

DOLMANCÉ: Agustín, sirve de doncella a la señora, ya que se resiste.

(Agustín lo hace brutalmente; ella se defiende.)

SRA. DE MISTIVAL, *a la Sra. de Saint Ange:* ¡Oh, cielos! Dónde estoy? Pero, señora, ¿pensáis en lo que permitís que se me haga en vuestra casa? ¿Imagináis que no me quejaré de semejantes procedimientos?

SRA. DE SAINT-ANGE: No es muy seguro que podáis hacerlo.

SRA. DE MISTIVAL: ¡Oh, Dios mío! ¡Aquí me van a matar!

DOLMANCÉ: ¿Y por qué no?

SRA. DE SAINT-ANGE: Un momento, señores. Antes de exponer a vuestros ojos el cuerpo de esta encantadora belleza, conviene que os prevenga del estado en que vais a encontrarla. Eugenia acaba de decírmelo al oído: ayer su marido la azotó a más no poder

104

por algunos pecadillos caseros... y, según me asegura Eugenia, vais a encontrar sus nalgas como tafetán chino.

DOLMANCÉ, *cuando la Sra. de Mistival está desnuda:* ¡Ah, vaya, nada es más cierto! Creo que en mi vida he visto un cuerpo más maltratado... Pero, ¡cómo!, diablos, tiene tanto por delante como por detrás... Sin embargo, tiene un culo muy hermoso. *(Lo besa y lo soba.)*

SRA. DE MISTIVAL: ¡Dejadme, dejadme o pediré socorro!

SRA. DE SAINT-ANGE, *acercándose a ella y cogiéndola por el brazo:* ¡Escucha, puta! ¡Voy a decirte por fin la verdad!... Para nosotros eres una víctima en viada por tu mismo marido; es preciso que sufras tu suerte; nada podrá librarte de ella... ¿Cuál será? No lo sé. Quizá seas colgada, supliciada, descuartizada, atenazada, quemada viva; la elección de tu suplicio depende de tu hija: es ella la que ha de pronunciar tu condena. Pero sufrirás, ¡furcia! ¡Oh, sí, no serás inmolada hasta después de haber sufrido una infinidad de tormentos previos! En cuanto a tus gritos, he de prevenirte que serán inútiles: podría degollar a un buey en este gabinete sin que sus mugidos fueran oídos. Tus caballos, tus criados, todo ha partido ya. Te lo repito, hermosa, tu marido nos autoriza a lo que hagamos, y tu venida no es más que una trampa tendida a tu simplicidad, en la que, como ves, no se puede haber caído mejor.

DOLMANCÉ: Espero que ahora la señora se haya tranquilizado por completo.

EUGENIA: Prevenirla hasta ese punto es lo que se dice tener miramientos.

DOLMANCÉ, *palpándola y dándola siempre azotes en las nalgas:* En verdad, señora, se ve que tenéis una buena amiga en la Sra. de Saint-Ange... ¿Dón de encontrar ahora esa franqueza? ¡Os dice unas verdades!... Eugenia, venid a poner vuestras nalgas al lado de las de vuestra madre..., que yo compare vuestros dos culos. *(Eugenia obedece.)* A fe que el tuyo es bello, querida; pero, diablos, el de la mamá no está mal tampoco... Es preciso que me divierta un instante jodiéndolos a los dos... Agustín, contened a la señora.

SRA. DE MISTIVAL: ¡Ah, santo cielo! ¡Qué ultraje!

DOLMANCÉ, *cumpliendo su propósito y comenzando por encular a la madre:* ¡Eh, nada de nada, qué sencillo!... ¡Ved, ni siquiera lo habéis sentido!... ¡Ah! ¡Cómo se nota que vuestro marido se ha servido con frecuencia de esta ruta! Ahora tú, Eugenia... ¡Qué diferencia!... Ya, ya estoy satisfecho; sólo quería magrear un poco para ponerme a punto... Un poco de orden ahora. En primer lugar, señoras mías, vos, Saint-Ange, y vos, Eugenia, tened la bondad de armaros de estos consoladores a fin de dar por turno a esta respetable dama, bien en el coño, bien en el culo, los golpes más temibles. El caballero, Agustín y yo trabajaremos con nuestros propios miembros, y os relevaremos puntualmente. Yo voy a empezar, y, como supondréis, será una vez más su culo el que reciba mi homenaje. Durante el goce, cada cual será dueño de condenarla al suplicio que mejor le parezca, teniendo cuidado de ir gradualmente á fin de no reventarla de golpe... Agustín, por favor, consuélame, enculándome, de la obligación en que me veo de sodomizar a esta vieja vaca. Eugenia, dame a besar tu hermoso trasero mientras jodo el de tu mamá; y vos, señora, acercad el vuestro, quiero sobarlo, quiero socratizarlo... Hay que estar rodeado de culos cuando es un culo lo que se jode.

EUGENIA: ¿Qué vas a hacer, amigo mío, qué vas a hacerle a esta zorra? ¿A qué vas a condenarla mientras pierdes tu esperma?

DOLMANCÉ, *continúa azotándola:* La cosa más natural del mundo: la voy a depilar y la voy a magullar los muslos a fuerza de pellizcos.

SRA. DE MISTIVAL, *al recibir esta vejación:* ¡Ah! ¡Monstruo! ¡Malvado! ¡Me va a lisiar!... ¡santo cielo!...

DOLMANCÉ: No le imploréis, amiga mia; será sordo a tu voz como lo es a la de todos los hombres; ese cielo poderoso nunca se ha preocupado por un culo.

SRA. DE MISTIVAL: ¡Ay, qué daño me hacéis!

DOLMANCÉ: ¡Increíbles efectos de las extravagancias del espíritu humano!... Sufres, querida, lloras, y yo me corro... ¡Ay, putorra! Te estrangularía si no quisiera dejar placer a los otros. Ahora te toca a ti, Saint-Auge. *(La Sra. de Saint Ange la encula y la encoña con su consolador; le da algunos puñetazos; viene luego el caballero; recorre igualmente las dos rutas, y la abofetea mientras descarga; luego viene Agustín; hace lo mismo y termina con algunos cachetes y pellizcos. Durante estos distintos ataques, Dolmancé ha recorrido con su aparato los culos de todos los agentes, excitándoles con sus palabras.)* Vamos, hermosa Eugenia, follad a vuestra madre; ¡primero por el coño!

EUGENIA: Venid, mamaíta, venid, que os sirva de marido. Es un poco más gorda que la de vuestro esposo, ¿no es verdad, querida? No importa, entrará... ¡Ah, gritas, madre mía, gritas cuando tu hija te folla!... ¡Y tú, Dolmancé, me estás dando por el culo!... Heme aquí a la vez incestuosa, adúltera, sodomita, y todo esto para una joven que acaba de ser desvirgada hoy... ¡Qué progresos, amigos míos!..., ¡con qué rapidez recorro la espinosa ruta del vicio!... ¡Oh, soy una perdida!... ¡Creo que te estás corriendo, dulce mamaíta!... Dolmancé, mira sus ojos, ¿no es cierto que se corre?... ¡Ah, putona! ¡Voy a enseñarte a ser libertina! ¡Toma, ramera, toma!... *(La aprieta y la magulla el cuello.)* ¡Ay, jódeme, Dolmancé!... ¡Jódeme, mi dulce amigo, me muero!... *(Eugenia, al corrersе, da diez o doce puñetazos en el pecho y en los costados de su madre.)*

SRA. DE MISTIVAL, *perdiendo el conocimiento:* ¡Tened piedad de mí, os lo suplico!... Me siento mal..., me mareo... *(La Sra. de Saint Ange quiere socorrerla; Dolmancé se opone.)*

DOLMANCÉ: ¡Eh! No, no, dejadla en ese síncope; no hay nada tan lúbrico como ver a una mujer desvanecida; la azotaremos para volverle el sentido... Eugenia, venid a tumbaros sobre el cuerpo de la víctima... Ahora voy a saber si sois firme. Caballero, folladla sobre el pecho de su madre desfallecida, y que ella nos la menee a Agustín y a mí con cada una de sus manos. Vos, Saint-Ange, magreadla mientras la joden.

EL CABALLERO: ¡Realmente, Dolmancé, cuanto nos mandáis hacer es horrible!; es ultrajar a un tiempo a la naturaleza, al cielo y a las leyes más santas de la humanidad.

DOLMANCÉ: Nada me divierte tanto como los firmes arranques de virtud del caballero. ¿Dónde diablos verá, en cuanto hacemos, el menor ultraje a la naturaleza, al cielo y a la humanidad? Amigo mío, es de la naturaleza de la que los viciosos reciben los principios que ponen en práctica. Ya te he dicho mil veces que la naturaleza -que para el perfecto mantenimiento de las leyes de su equilibrio tiene unas veces necesidad de vicios, otras de virtudes- nos inspira por turno el movimiento que necesita; no hacemos, pues, ninguna clase de mal entregándonos a estos impulsos, cualesquiera que sean los que podamos imaginar. Y en cuanto al cielo, te lo suplico, caballero, deja de temer sus efectos: un solo motor actúa en el universo, y ese motor es la naturaleza. Los milagros, o mejor, los efectos físicos de esta madre del género humano, diferentemente interpretados por los hombres, han sido deificados por ellos bajo mil formas a cual más extraordinaria; ganapanes o intrigantes, abusando de la credulidad de sus semejantes, han propagado sus ridículas ensoñaciones: y eso es lo que el caballero denomina cielo, ¡eso es lo que teme ultrajar!... Las leyes de la humanidad, añade, son violadas por las tonterías que nos permitimos. Recuerda, de una vez por todas, hombre simple y pusilánime, que lo que los tontos llaman humanidad no es más que una debilidad nacida del temor y del egoísmo; que esta quimérica virtud, encadenando sólo a los hombres débiles, es desconocida de aquéllos cuyo estoicismo, valor y filosofía forman su carácter. Actúa, por tanto, caballero, actúa sin temer nada; si pulverizáramos a esta ramera no habría siquiera el menor indicio de crimen. Los crímenes son imposibles para el hombre. Al inculcarle la naturaleza el irresistible deseo de cometerlo, supo sabiamente alejar de ellos las acciones que podían perturbar sus leyes. Convéncete, amigo mío, de que todo lo demás está completamente permitido y que no ha sido absurda hasta el punto de darnos el poder de perturbarla o de perjudicarla en su marcha. Ciegos instrumentos de sus inspiraciones, aunque nos ordenara quemar el universo, el único crimen sería resistirnos a ello, y todos los malvados de la tierra no son más que agentes de sus caprichos... Vamos, Eugenia, colocaos... Pero ¿qué veo?... ¡Palidece!...

EUGENIA, *tendiéndose sobre su madre:* ¿Yo palidecer? ¡Rediós! Vais a ver ahora mismo que no. *(Adoptan la postura; la Sra. de Mistival sigue en su síncope. Cuando el caballero se ha corrido, el grupo se deshace.)*

DOLMANCÉ: ¡Cómo! ¡Esta golfa no ha vuelto en sí todavía! ¡Vergas! ¡Vergas!... Agustín, vete enseguida a coger un puñado de espinos del jardín. *(Mientras los espera, la abofetea y le da cachetes.)* ¡Oh! ¡A fe que temo que esté muerta: nada la vuelve en sí.

EUGENIA, *con humor:* ¡Muerta! ¡Muerta! ¡Cómo! ¿Voy a tener que llevar luto este verano, con los hermosos vestidos que me he mandado hacer?

SRA. DE SAINT-ANGE, *estallando de risa:* ¡Ah, vaya con el pequeño monstruo!...

DOLMANCÉ, *cogiendo los espinos de la mano de Agustín, que vuelve:* Vamos a ver el efecto de este último remedio. Eugenia, chúpame la polla mientras trabajo en devolveros una madre y mientras Agustín me devuelve los golpes que voy a dar. No me molestaría, caballero, verte encular a tu hermana: ponte de tal modo que pueda besarte las nalgas durante la operación.

EL CABALLERO: Obedezcamos, puesto que no hay ningún medio de convencer a este malvado de que cuanto nos ordena hacer es horroroso. *(Se dispone el cuadro; a medida que la Sra. de Mistival es azotada, vuelve a la vida.)*

DOLMANCÉ: ¡Y bien! ¿Veis el efecto de mi remedio? Ya os había dicho que era seguro.

SRA. DE MISTIVAL, *abriendo los ojos:* ¡Oh, cielos! ¿Por qué me sacan del seno de las tumbas? ¿Por qué devolverme a los horrores de la vida?

DOLMANCÉ, *que sigue flagelándola:* Es que, en realidad, madrecita, no está todo dicho. ¿No es preciso que oigáis vuestra condena?... ¿No es preciso que se cumpla?... Vamos, reunámonos en torno de la víctima, que se ponga en medio del círculo y que escuche temblando lo que hemos de anunciarle. Comenzad, señora de Saint-Ange. *(Los fallos siguientes se dicen mientras los actores continúan en acción.)*

SRA. DE SAINT-ANGE: Yo la condeno a ser colgada.

EL CABALLERO: Cortada, como entre los chinos, en veinticuatro mil trozos.

AGUSTÍN: Mirad, por mí, yo la dejaría con tal de zer rota en vida.

EUGENIA: Mi mamaíta será mechada con pastillas de azufre, que yo me encargaré de prender una a una. *(Aquí la postura se deshace.)*

107

DOLMANCÉ, *con sangre fría: Y* bien, amigos míos, en mi calidad de preceptor vuestro, suavizo la condena; pero la diferencia que va a haber entre mi fallo y el vuestro es que vuestras sentencias no eran sino los efectos de una mistificación mordaz, mientras que la mía va a ejecutarse. Tengo abajo un criado provisto de uno de los más hermosos miembros que haber pueda en la naturaleza, pero que desgraciadamente destila el virus y está roído por una de las más terribles sífilis que se hayan visto en el mundo. Voy a hacerle subir: lanzará su veneno en los dos conductos de la naturaleza de esta querida y amable dama, a fin de que, durante todo el tiempo que duren las impresiones de esta cruel enfermedad, la puta se acuerde de no molestar a su hija cuando ésta se dedique a joder. *(Todo el mundo aplaude, mandan subir al criado. Dolmancé, al criado.)* Lapierre, follad a esa mujer; está extraordinariamente sana; este goce puede curaros: hay ejemplos de ese remedio.

LAPIERRE: ¿Delante de todos, señor?

DOLMANCÉ: ¿Tienes miedo de enseñarnos tu polla?

LAPIERRE: No, al revés, porque es muy hermosa... Vamos, señora, tened la bondad de colocaros, por favor.

SRA. DE MISTIVAL: ¡Oh! ¡Justo cielo! ¡Qué horrible condena!

EUGENIA: Más vale eso que morir, mamá; por lo menos podré llevar mis lindos vestidos este verano.

DOLMANCÉ: Divirtámonos mientras tanto; mi opinión es que nos flagelemos todos; la Sra. de Saint-Ange zurrará a Lapierre, para que encoñe con firmeza a la Sra. de Mistival; yo zurraré a la Sra. de Saint-Ange, Agustín me zurrará a mí, Eugenia zurrará a Agustín y será azotada vigorosamente por el caballero. *(Todos se colocan. Cuando Lapierre ha follado el coño, su amo le ordena joder el culo, y lo hace.)* Bueno, vete, Lapierre. Toma, aquí tienes diez luises. ¡Oh, diablos! ¡Vaya inoculación! ¡Ni Tronchin hizo una igual en su vida[66]!

SRA. DE SAINT ANGE: Creo que ahora es muy esencial que el veneno que circula en las venas de la señora no pueda salirse; por tanto es preciso que Eugenia os cosa con cuidado el coño y el culo, para que el humor virulento, más concentrado, menos sometido a evaporación, os calcine los huesos con rapidez.

EUGENIA: ¡Excelente idea! Vamos, vamos, agujas, hilo... Separad vuestros muslos, mamá, para que os cosa a fin de que no me deis más hermanas
ni hermanos. *(La Sra. de Saint Ange da a Eugenia una gran aguja, que tiene un grueso hilo rojo encerado[67]. Eugenia cose.)*

---

[66] Sade juega con el término francés *vérole:* Théodore Tronchin (1709-1781), primer médico del duque de Orléans, fue el más famoso inoculador de la época; en 1755 llegó a París la inoculación de la viruela (*petite vérole);* al año siguiente, Tronchin era llamado a París para la inoculación de los hijos del duque de Orléans; a partir de ese momento, según Condorcet, «ningún inoculador en Europa era más célebre, ninguno había sido tan feliz». [Nota del T.]

[67] Ese hilo encerado es, con toda probabilidad, el hilo revestido de pez que emplean zapateros y guarnicioneros. Roland Barthes, en *Sade, Fourier, Loyola,* se detiene en este «hilo rojo» para hablar de su sentido metonímico: «Cuanto más se amplía la sinécdoque, más se detalla el instrumento en sus elementos tenues (el color, la cera), mas crece el horror y más impreso queda en nosotros (si nos hubiera contado el *grano* del hilo, se habría vuelto intolerable); la sinécdoque se profundiza aquí mediante una especie de tranquilidad doméstica, quedando presente el pequeño material de costura en el instrumento de suplicio». [Nota del T.]

SRA. DE MISTIVAL: ¡Oh! ¡Cielos, qué dolor!

DOLMANCÉ, *riendo como un loco:* ¡Diablos! La idea es excelente, te honra; nunca habría dado con ella.

EUGENIA, *pinchando de vez en cuando los labios del coño, el interior y a veces el vientre y el monte:* Esto no es nada, mamá: es para probar mi aguja.

EL CABALLERO: ¡Esta pequeña puta la va a llenar de sangre!

DOLMANCÉ, *haciendo que la Sra. de Saint-Ange se la menee, en frente de la operación:* ¡Ah! ¡Santo dios! ¡Qué tiesa me la pone este extravío! Eugenia, multiplicad los puntos para que se me ponga más gorda.

EUGENIA: Haré más de doscientos, si es preciso... Caballero, masturbadme mientras opero.

EL CABALLERO, *obedeciendo:* ¡Jamás se ha visto una joven tan bribona como ésta!

EUGENIA, *muy inflamada:* Nada de invectivas, caballero, porque os pincho. Contentaos con sobarme como es debido. Un poco más el culo, querido, por favor; ¿sólo tienes una mano? Ya no veo nada... voy a dar puntadas por todas partes... Mirad hasta dónde se extravía mi aguja..., hasta los muslos, las tetas... ¡Ay! ¡Joder! ¡Qué placer!...

SRA. DE MISTIVAL: ¡Me desgarras, malvada!... ¡Cómo me avergüenzo de haberte dado el ser! EUGENIA: Vamos, paz, mamaíta, que ya termino.

DOLMANCÉ, *saliendo empalmado de las manos de la Sra. de Saint Ange:* Eugenia, cédeme el culo, es la parte que me toca..

SRA. DE SAINT-ANGE: Estás demasiado empalmado, Dolmancé; la vas a martirizar.

DOLMANCÉ: ¿Y qué importa? ¿No tenemos acaso permiso por escrito? *(La tiende boca abajo, coge una aguja y comienza a coserle el agujero del culo.,*

SRA. DE MISTIVAL, *gritando como un diablo:* ¡Ay! ¡Ay! ¡Ay!

DOLMANCÉ, *metiéndole la aguja profundamente en las carnes:* ¡Cállate, furcia, o te pongo las nalgas como mermelada!... ¡Eugenia, menéamela!...

EUGENIA: Sí, pero a condición de que pinchéis más fuerte, porque estaréis de acuerdo conmigo en que tenemos demasiados miramientos con ella. *(Se la menea.)*

SRA. DE SAINT-ANGE: ¡Trabajadme un poco esas dos gordas nalgas!

DOLMANCÉ: Paciencia, voy a mecharla enseguida como si fuera un trasero de buey; ¡olvidas las lecciones, Eugenia, estás cubriéndome la polla!

EUGENIA: Es que los dolores de esta ramera inflaman mi imaginación hasta el punto de que no sé exactamente lo que hago.

DOLMANCÉ: ¡Hostia bendita! Empiezo a perder la cabeza. Saint-Auge, que Agustín te dé por el culo delante de mí, por favor, mientras tu hermano te encoña, y que yo vea sobre todo los culos: este cuadro va a acabar conmigo. *(Pincha las nalgas mientras se prepara la postura que ha pedido.)* ¡Toma, querida mamá, toma ésta, y ésta otra!... *(La pincha en más de veinte sitios.)*

SRA. DE MISTIVAL: ¡Ay, perdón, señor! ¡Mil y mil perdones! ¡Me estáis matando!

DOLMANCÉ, *extraviado por el placer:* Mucho me gustaría... Hacía mucho tiempo que no se me ponía tan tiesa; no lo habría creído después de tantas descargas.

SRA. DE SAINTANGE, *adoptando la postura exigida:* ¿Estamos bien así, Dolmancé?

DOLMANCÉ: Que Agustín gire un poco a la derecha; no veo lo suficiente el culo; que se incline: quiero ver el ojete.

EUGENIA: ¡Ay! ¡Joder! ¡Ya sangra la bujarrona!

DOLMANCÉ: No le va mal. Vamos, ¿estáis preparados vosotros? En cuanto a mí, dentro de un instante rocío con el bálsamo de la vida las llagas que acabo de producir.

SRA. DE SAINT-ANGE: Sí, sí, corazón mío, me corro..., alcanzamos la meta al mismo tiempo que tú.

DOLMANCÉ, *que ha terminado su operación, no hace más que multiplicar sus pinchazos sobre las nalgas de la víctima, corriéndose:* ¡Ay, rediós! ¡Mi esperma corre... se pierde, santo dios!... Eugenia, dirígelo sobre las nalgas que martirizo... ¡Ah! ¡Joder! ¡joder! Se acabó..., ya no puedo más. ¿Por qué tiene que suceder la debilidad a pasiones tan intensas?

SRA. DE SAINT-ANGE: ¡Fóliame! ¡Fóliame, hermano, que me corro!... (A *Agustín).* ¡Muévete, jodido! ¿No sabes que cuando me corro es cuando hay que entrar más adentro en mi culo?... ¡Ay, santo nombre de dios! ¡Qué dulce ser jodida por dos hombres de este modo! (El grupo *se deshace.)*

DOLMANCÉ: Todo está dicho. *(A la Sra. de Mistival.)* ¡Puta!, puedes vestirte y partir ahora cuando quieras. Has de saber que estábamos autorizados por tu esposo mismo a cuanto acabamos de hacer. Nosotros te lo hemos dicho, tú no lo has creído: lee la prueba. *(Le enseña la carta.)* Que este ejemplo sirva para recordarte que tu hija está en edad de hacer lo que quiera; que le gusta joder, que ha nacido para joder y que si no quieres que te joda a ti, lo mejor es dejarla que haga lo que quiera. Sal: el caballero va a llevarte. ¡Saluda a todos, puta! Ponte de rodillas ante tu hija, y pídele perdón por tu abominable conducta con ella... Vos, Eugenia, dadle dos buenas bofetadas a vuestra señora madre, y tan pronto como esté en el umbral de la puerta, hacédselo cruzar a patadas en el culo. *(Todo esto se hace.)* Adiós, caballero; no se os ocurra joder a la señora en el camino, recordad que está cosida y que tiene la sífilis. *(Cuando se han ido.)* Y nosotros, amigos míos, vamos a sentarnos a la mesa, y de ahí los cuatro nos iremos a la misma cama. ¡Un día estupendo! Nunca como tan bien ni duermo más tranquilo que cuando me he manchado suficientemente durante el día con lo que los imbéciles llaman crímenes.

FIN